ALBERT VIVIÈS

L'ÂME
DE LA
COCHINCHINE

SAIGON
ALBERT PORTAIL, ÉDITEUR
175, RUE CATINAT

1924

L'AME
DE LA
COCHINCHINE

ALBERT VIVIÈS

L'AME DE LA COCHINCHINE

SAIGON
ALBERT PORTAIL, ÉDITEUR
175, RUE CATINAT

1924

ENVOI

Réunir les lignes qu'au hasard de l'actualité l'on a tracées et livrées aux colonnes d'un journal, en constituer un volume et offrir celui-ci au public dans la pensée qu'il sera lu, cela peut, à première sensation, paraître présomptueux..

Cela l'est en effet, parce que telle phrase, détestable, bénéficie de l'indulgence du lecteur d'un quotidien, mais paraîtra moins acceptable déjà dans un périodique et ne pourra être tolérée sans murmure par l'amateur de bons livres.

De même, l'idée exprimée supportera de n'être qu'à peine perçue par le journaliste soucieux avant toutes choses de la fixer alors qu'elle passe, fugitive; elle semblera, ainsi, inconsistante sous la plume de l'écrivain qui ne peut pas seulement esquisser, crayonner, mais doit graver, buriner, accuser les clairs et les ombres.

Pourquoi donc, néanmoins, ai-je eu la faiblesse de faire ici ce que je viens d'analyser comme devant être évité ?

Est-ce parce que je considère avoir échappé aux défauts signalés ? Non, certes, et je plaide coupable, demandant les circonstances atténuantes. Simplement. j'ai estimé que, peut-être, en arrêtant l'attention sur des faits desquels j'ai moi-même reçu impression, j'apporterais une faible mais sincère contribution à l'histoire qui sera, un jour, écrite, des évènements contemporains en Cochinchine.

Ecrivant dans un cadre limité, le journaliste, voulant atteindre, doit se borner ; les articles que l'on trouvera en ce livre ne sont donc qu'un reflet très atténué des jours vécus et des innombrables tableaux regardés, vus et à peu près observés.

Afin de redonner, à ces lueurs, leur éclat, il m'a paru intéressant, en même temps que nécessaire et indispensable, de les replacer dans leur foyer naturel, j'entends de situer le détail dans l'ensemble où il fut choisi et duquel il fut détaché.

Si je puis, sans impressionner, emprunter un mot à la chirurgie, je dirai que chaque article me servira d'abcès de fixation pour, autour de lui, « ramasser » les éléments épars et destinés à y aboutir naturellement.

Le doute m'est venu souvent sur l'intérêt du travail que je m'imposais et qui reste enclos dans ces pages.

Pourquoi lirait-on cet ouvrage? me suis-je demandé.

Ce n'est pas un roman; or, dans le domaine du livre, sur l'immense foule de ses sujets, le roman s'affirme roi et il semble bien que cette souveraineté restera l'une des marques de l'époque contemporaine.

Ce n'est pas non plus un récit de voyage et l'on ne peut y suivre d'extravagantes aventures. Il eut été facile de ménager, au lecteur friand d'émotions tragiques ou comiques, la surprise savamment annoncée, de récits dramatiques et burlesques. Un danger couru par le héros, alors même que l'on sait qu'il sera conjuré, exerce toujours un puissant attrait. Rire au dépens d'un personnage grotesque, a toujours retenu l'attention mieux que toutes les réflexions objectives et didactiques. Ceux qui racontent leurs voyages ne manquent pas d'appliquer cette loi de bonne stratégie littéraire. Après cela, il importe peu que les histoires soient vraies et la peinture fidèle.

Ce livre manque de héros et le pays français où j'aurais dû le faire agir est heureusement le plus pacifique du monde ; la paix française qui l'a rendu ainsi est la seule aventure qui sera chantée ici.

Elle est belle.

M'étant ainsi fortifié dans mon dessein, je ne fus pourtant pas dégagé de cette terrible gangue du scepticisme. La force manquait à ma foi, dans l'ardeur de l'accueil que le public ferait à mon œuvre.

Certes la France a sauvé ce pays de la mort assurée dans l'anarchie; mais qui voudra lire un témoignage sur la Cochinchine?

Le nom de la Cochinchine évoque-t-il, quand il est prononcé en France, dans des milieux non particulièrement instruits des choses coloniales, une précision même relative? Je ne le pense pas.

Il fut un temps, pas très éloigné, où tout personnage de roman, surtout s'il portait l'uniforme, qui vers la trois-centième page souffrait d'un amour contrarié, allait se faire tuer au Tonkin.

Ce Protectorat dut à cela de ne pas rester complètement inconnu au moins par son nom; celui-ci devint familier à nombre de lecteurs et figurait pour eux les limites extrêmes du monde, quelque part vers l'Extrême-Orient ; mais presque tous, non curieux, ne pensaient, en le prononçant ou en le lisant, qu'à des pirates jaunes coiffés de chapeaux en forme de cône et aussi au tigre ; ces aimables visions étaient généralement agrémentées d'histoires effrayantes de supplices plus ou moins chinois.

La Cochinchine, pacifiée, n'offrait, elle, rien de pathétique aux images d'Epinal ni aux suppléments illustrés.

Aussi, lorsque, désigné pour aller y servir, vous faisiez vos adieux, il restait entendu, pour ceux qui vous voyaient partir, que l'Asie vous attendait. Il va « aux Iles », hasardaient quelques-uns d'un air inquiet et attendri en songeant aux anthropophages ; et si, affecté à la Cochinchine ou au Cambodge, l'on rencontrait d'aventure le parent d'un colonial présent au Tonkin, l'on se voyait gravement confier une poignée de main fondante et émue à lui transmettre.

Cette indifférence, cette ignorance, ont un peu disparu.

La grande vedette qui fixe la vue des profanes sur notre horizon colonial d'Extrême-Orient est magnifiquement imposée par les ruines d'Angkor ; depuis l'Exposition de Marseille, les plus ignorants ont gardé la mémoire de leur silhouette grandiose et, grâce à ce grand souvenir des âges révolus, ils ont cherché, ont réussi à situer à peu près notre Indochine en Asie. D'autres, mieux renseignés, savent que c'est une péninsule. Ceux-ci, soumis aux méthodes mnémotechniques, ont saisi que les ruines d'Angkor occupent le sommet d'un triangle dont Saigon et Hanoi sont les deux autres sommets. De plus savants enfin ont, sur le pays, des données assez précises.

La Presse coloniale, riche génération nouvelle, compte des maîtres ès-lettres qui sont, de plus, avertis de ce qu'ils écrivent. Il devient donc possible de tracer quelques lignes sur la Cochinchine sans être assuré de faire œuvre inutile parce que nécessairement destinée à rester inconnue.

J'ai dit que ce volume n'était en somme que le rappel de quelques-unes des pensées que, vieux Cochinchinois de la brousse, j'ai eues au hasard des évènements contemporains, ce qui revient à pouvoir considérer ces souvenirs comme une manière de mémoires.

Quelle est la forte raison de l'heureux succès des Mémoires auprès du curieux ? L'on peut, je crois, la trouver dans ce fait que le lecteur a, inconsciemment, une vague espérance que, peut-être, le héros a existé. Combien sont-ils les adolescents qui, sachant le caractère romanesque des trois mousquetaires, ont voulu croire à la réalité de leurs aventures, et quelle joie en découvrant que tel de leurs hauts faits était authentique !

Dans les Mémoires, les personnages ont existé et ce qu'on y cherche c'est l'aspect inédit que l'Histoire, — celle qu'on nomme la Grande Histoire, — n'ose pas en donner.

Présentant la Cochinchine et spécialement la partie occidentale de cette Colonie connue sous le nom parfaitement adapté de Basse-Cochinchine, je prétends n'avoir qu'un mérite, celui-là même que j'ai tenté d'analyser chez le mémorialiste : le pays, mon personnage, existe, et je crois le connaître, non pour l'avoir appris d'autres mais pour avoir reçu de lui des impressions immédiates.

Encore faut-il que, comme la vedette des Mémoires, il offre un intérêt par son importance. Ici je suis à l'aise pour affirmer. Notre Cochinchine, au moins jusqu'à présent, occupe la première place dans notre empire colonial. Personne ne saurait y contredire; il suffit de constater qu'à tous les appels à elle adressés par la France Métropolitaine, sa réponse fut magnifique et égale à celle de toutes les autres colonies réunies.

Quelle est donc cette Perle ?

Ce n'en est pas une. Seule sa capitale, Saigon, porte et mérite ce nom. La campagne ne saurait évoquer l'émeraude. Cette vieille comparaison, fausse souvent et vraie seulement de rares pays aux innombrables pâturages, s'impose ici parce que scrupuleusement exacte. Où trouver une contrée si remarquablement et si continuellement verte ? Nulle part et ajoutons que l'on regrette parfois cette constance parce qu'aux indifférents elle donne de l'ennui.

Mais que c'est beau et chargé d'espérances !

Je m'interdis d'écrire une seule ligne sur Saigon. Il n'est pas un enseigne de vaisseau débarqué de son torpilleur pour une soirée passée dans cette ville ; il n'est pas un voyageur en transit entre deux courriers et descendu dans un de ses hôtels ; il n'est pas même de personnage en mission, ignorant la vraie campagne, non officielle, mais ayant paru à de nombreux banquets à Saigon ; il n'est pas, dis-je, un de ces personnages ayant résisté au désir d'écrire sur cette malheureuse cité. Le plus souvent, afin de corser le récit, ils tracent d'elle un portrait où grimace le vice, montrant en cela leur impuissance d'écrivain à qui le condiment est nécessaire ; puis, ce qui est plus grave, ils commettent ainsi une injustice, car notre jolie ville de Saigon n'a ni plus de vertu ni plus de vice que les autres cités ; elle vit avec exhubérance.

Mais si l'on ne résiste guère à décrire Saigon et ses habitants, infidèlement d'ailleurs souvent, il existe, en dehors de Saigon, des millions d'hectares de terre française que personne ne se soucie d'évoquer.

Cette indifférence est compréhensible. Les voyageurs qui viennent en Cochinchine ne dépassent pas Saigon. Bien mieux, les Français qui habitent cette ville dédaignent de se rendre dans l'Ouest ; ils préfèrent, quand ils ont le loisir d'en sortir, aller vers les derniers contreforts sud des montagnes de l'Annam, là où ils sont assurés de trouver du gibier et des sites variés. Je les comprends, mais la simple reconnaissance devrait les inciter à faire le pélerinage de nos provinces cochinchinoises occidentales parce que sans le riz de nos plaines, source presqu'unique, momentanément du moins, de la richesse, l'on peut dire que tout le reste serait bien peu de chose et si, volontairement, je ne consacre pas une seule ligne à Saigon, il m'arrive souvent de chanter cette merveille qu'est le delta du Mékong. Ces hymnes sont désordonnés, tels qu'ils jaillirent sous la poussée d'un enthousiasme vainqueur.

La péninsule indochinoise a la forme d'un superbe sein dont la Basse-Cochinchine serait le généreux bouton. Ses vaisseaux sont chargés de vie magnifiquement riche.

Depuis des millénaires, le Mékong a transporté dans ses eaux les terres du Thibet, du Laos jusqu'à la mer qu'il a peu à peu remplacée par ses alluvions ; ainsi émergea cette immense plaine de limon, striée d'innombrables cours d'eau bras du Mékong, réseau capillaire nourricier de la terre, voie d'accès jusqu'à elle et courant naturel pour la quitter.

Allons voir ensemble ce pays que je veux vous faire aimer.

Partons en promenade avant l'aube ; c'est ce que je fis en 1911 et voici les lignes que m'inspira ma première excursion :

Il fait nuit ; dans peu d'instants il fera jour...... Le ciel clair de Cochinchine ne se lève pas avec coquetterie ! cet extrême oriental a des brusqueries d'occident.

Il n'a pas, pour s'éveiller, d'étirements langoureux ; brusquement, il se livre aux baisers du soleil et, de cet embrasement, naît la lumière bleue, éblouissante et crue. L'aurore ouvre sa porte en coup de vent.

Notre chaloupe avance dans une eau couleur vert clair, rouge même par endroits. C'est le Mékong aux cent bras. Ses berges sont très espacées car nous suivons le Grand Fleuve.

Les rives du Mékong sont uniformes en Cochinchine ; qui les a vues pendant quelques kilomètres, les connaît dans tout le développement de leur étendue dans le Delta. Le voyageur a une impression très nette en les suivant : cette terre est fille des eaux. Pays d'alluvions par excellence, il lui arrive, fréquemment, de présenter des champs immenses au-dessous du niveau de la mer. Survienne la plus petite marée, toute la région est inondée et c'est bien là sa richesse car le Mékong est, comme le Nil, un grand seigneur prodigue qui, trop lourd de sa fortune qu'il porte toujours en lui, l'abandonne en passant.

Ce monarque, toujours habillé de pourpre, la laisse déteindre, graduellement à mesure qu'il descend, pour ne pas humilier la « Grande Bleue » ; il a, par contre, une prédilection pour les écharpes vertes. Il déroule, avec quelque suffisance, ses rives aux couleurs d'émeraude, pour reposer les yeux de ceux que, colosse complaisant, il consent à porter.

Rarement ses deux berges sont semblables. Il apparaît comme possible et probable que, capricieux, le Mékong a varié ses faveurs ; qu'il a déposé ses alluvions rousses sur une rive d'abord puis que, modifiant la direction de son courant il a, par érosion, entraîné les terres ainsi primitivement formées, pour les reporter sur le bord opposé, enlevant ainsi, sur le côté abandonné, le rempart de boue féconde qui protégeait la forêt contre les eaux.

En scrutant les abords du Mékong que voit-on en effet ? D'un côté le bois avance ses touffes épaisses jusque sur l'eau, qu'il frise de ses feuilles. Les arbres ne sont pas encore déracinés mais peu s'en faut.

Tenant encore au sol, accrochés par un effort suprême, se refusant à mourir ainsi mornes et sans soubresauts, ils se sont relevés ; mais chacun doit vivre sa vie et mourir de sa mort. Epuisés par leur dernière énergie douloureuse et stérile, les pauvres arbres, sentant la terre manquer sous eux, sont retombés de tout le poids de leur vigueur passée, et leurs troncs incurvés se penchent sur l'onde rouge comme pour implorer son pardon. Hélas! le pardon n'est pas toujours vertu de conquérant et les eaux rongent, rongent, impitoyablement.

Dans leur décadence, ils ont pourtant grand air ces vaincus qui s'en vont mourants et, dans un peu de rêve, l'on pourrait se croire suivant un de ces « rios » du nouveau monde chantés par les conquistadores. Disons adieu à la grève qui finit et reportons nos regards sur celle qui triomphe ; le décor apparaît tout autre.

Les arbres, ici, sont précédés de larges plaines toutes vertes où pousse le riz. La richesse est évidente aux yeux des plus profanes. Pittoresques, les villages se succèdent. Pilotis formés de troncs mal équarris, soutenant des huttes primitives construites avec du bambou et couvertes de feuilles de lataniers, voilà la maison du pêcheur annamite, fichée sur fonds de terre battue. Amarrée à un pieu, tout près de là, repose la pirogue sur laquelle sèchent les engins de pêche, filets triangulaires et lignes à hameçons de cuivre. Le propriétaire n'est pas loin. Etendu sur un lit de camp, il somnole, pensant peu ou même pas du tout, songeant peut-être à la pipe qu'il va « tirer » ou bien encore à sa récolte car, tout pêcheur qu'il est, l'Annamite est aussi et davantage agriculteur.

Si d'un côté de sa cabane, l'on peut voir sa barque et son épervier à mailles plombées, de l'autre sont les jardins d'aréquiers, de cocotiers, de bananiers, dont les fruits sont, avec le riz et le poisson, sa nourriture quotidienne. Ils sont gracieux ces cocotiers, ces aréquiers, avec leur plumet découpant le ciel bleu d'astérisques vert sombre ; comme aussi les bambous, gigantesques plumes d'autruche couleur d'espérance ; et l'arbre du voyageur s'épanouissant en larges feuilles aux tons tendres, tel un bel éventail ; les manguiers avec leurs dômes de feuilles ovales et leurs fleurs aux allures de réséda ; le filao qui émerge, splendide et altier, dont les aiguilles, comme celles des pins, bruissent et font penser à la mer mourant sur la grève. Ces vergers font taches sur les nuances claires de la rizière. De çi de là, le flamboyant pique sa note éclatante avec ses fleurs couleur de sang.

Sur les eaux, des prairies flottent, piquetées de grappes mauves comme des glycines. C'est le « luc-binh ».

Derrière les villages, c'est la rizière qui sert de trait d'union entre les eaux et la forêt. Elle s'étend, de plus en plus large, fertile et riche, et voilà bien la vraie Basse-Cochinchine, toute la Basse-Cochinchine même car l'Annamite, ce fils du Mékong, est en perpétuelle tutelle comme le Fellah fils du Nil. Avec sa charrue, de bois dur mais léger, il sillonne, aidé par le buffle, cette vase immonde et pourtant bienfaitrice : il la fouille en surface, comme s'il avait peur de l'écorcher trop fort. Il y jette son riz et elle, prodigue, le lui rend au centuple.

Mais quel est le vrai dispensateur de tous ces bienfaits ? C'est le Mékong. Périodiquement *il gonflera ses veines, et le trop plein de sa sève fécondera la terre née de lui.*

De cet inceste jaillira la vie ; non content de la donner, il la distribue. C'est lui qui va porter partout ce paddy, richesse principale du pays.

Tel m'apparut le Mékong dans l'irradiation du soleil levant, tel je le trouvai à la brume. La nuit est venue et les eaux rouges se sont moirées de noir. Les ténèbres ne sont jamais impénétrables sur le fleuve et toujours quelque étoile, superbe mais serviable, consent à vous guider. Dans l'obscurité, l'on peut deviner encore les silhouettes des arbres s'estompant dans les dernières lueurs violacées, vestiges du couchant ; les arêtes vives des cocotiers altiers et aristocrates percent la nuit ; tout près, suivant le fil de l'eau, un sampan nous cotoie au souffle rythmé du rameur qui, debout à l'arrière, rectifie la direction de sa pagaie ; l'eau clapote, un filet s'engouffre qui, bientôt retiré, ramène du poisson ; c'est encore le Mékong qui nourrit ses enfants.

Comprenez combien mon émotion fut plus forte en communiant avec cette grande nature qu'en foulant l'asphalte des rues saigonnaises.

Le peintre, ayant de son sujet pénétré le mystère, compose sa palette, et des couleurs qu'il écrase jaillira, par lui, le rayon merveilleux de vie, d'amour, de mort.

Ainsi en est-il de l'écrivain ; lorsque l'imagination est enclose dans son esprit où brille la divine étincelle, le bec de sa plume vibre naturellement à la musique des mots. Que, pour notre amusement et notre joie, il la laisse chanter au caprice des rêves. Quand, au contraire, sous l'emprise des réalités, il a entrepris de les décrire, son devoir doit l'entraîner à exiger, avant de les transmettre, de scrupuleuses précisions.

Il a bien des manières, alors, de manquer à cette mission et si, parmi elles, la plus néfaste réside dans l'altération des choses spirituelles, on peut prétendre presque également mauvaise la volonté de n'en pas tout révéler.

A lire ce qu'ont écrit, de manière parfois magnifique d'ailleurs, beaucoup d'entre ceux qui ont, au cours de voyages, touché la Cochinchine, il apparaît qu'ils ont limité leurs connaissances à la seule capitale Saigon. Ayant ainsi borné l'horizon aux boulevards de la ville, ils n'ont pas averti qu'au delà se trouvait autre chose. Si bien que l'on pourrait, en les croyant sans les compléter, supposer que là s'arrête la Cochinchine.

Or l'âme de ce pays n'est pas à Saigon.

Ne la cherchez pas dans les rues de cette cité, belle certes, étincelante et radieuse même puisqu'on a pu lui donner justement ce nom « La Perle »; ne posez pas votre attention sur ces quartiers garnis de boutiques où grouillent des asiatiques de toutes races et de toutes nuances, de l'hindou au chinois, du malais à l'annamite, intéressants à observer mais que l'on trouve à beaucoup des carrefours de l'Asie; ne marquez pas d'étonnement si vous croisez, la nuit, des groupes d'occidentaux en habits de fête, bruyants et désordonnés, ils sont pareils à ceux que vous trouverez en quittant les cabarets montmartrois un peu avant les premiers feux du jour; ne vous indignez pas surtout si le hasard, malicieux, vous conduit jusqu'à des maisons où vivent, un moment, dans la fièvre de vices étranges, des êtres par ailleurs ordinaires ; plaignez-les, mais dites-vous avec énergie que c'est là trop souvent que les romanciers viennent recevoir de mauvaises visions desquelles ils vous donnent les irritants reflets sans préciser qu'il s'agit là d'exceptions.

Non, l'âme de la Cochinchine n'est pas là; et ce n'est pas des trottoirs saigonnais, ce n'est pas des bouges et des fumeries de Cholon, la ville chinoise, aussi suggestifs qu'en soient les grimaces et les hallucinations; ce n'est pas de là que monte la poésie de cette opulente contrée. C'est pourtant à cette source que puisent écrivains et voyageurs trop pressés.

D'elle fusent, brillantes, souvent trop hélas, des images qui attirent et fascinent les auditoires de conférences, les lecteurs, surtout les lectrices de fiévreux et passionnants récits.

Splendides dans leur horreur factice, les scènes inévitables agitent des personnages devenus obligatoires.

Si l'on a déjà écrit beaucoup, et en termes littérairement très beaux, sur les êtres et les choses de Cochinchine, ne faut-il pas remarquer que les Européens ont surtout songé à se peindre eux-mêmes trop exclusivement et dans un décor un peu trop conventionnel.

Les filles de ce pays, les « petites épouses » ne furent que des marionnettes pour attirer l'attention : Qui, de ces écrivains, de ces voyageurs, en réalité, s'est intéressé à ces compagnes autrement que comme distraction d'occidentaux en mal d'ennui ?

De grands ouvriers de lettres ont plaqué leurs tableaux avec de la couleur locale et la maîtresse annamite s'en détache en tons brillants de fièvre. Or, tout au plus, a-t-elle fixé les instincts d'artistes curieux d'exotisme, ou la défaillance d'énergies malades.

Mais comment résister à détailler cette asiatique pour les lectrices d'Europe anxieuses et avides de connaître un peu ces petites amies qui les remplacent auprès de leurs maris, fils et amants seuls dans la colonie ?

Comment aussi ne pas décrire une fumerie d'opium aux détails connus, attendus et d'un effet certain ? Comment ne pas raconter des scènes populaires dans les villes grouillantes de chinois, de malais, d'annamites? Comment ne pas faire défiler un cortège d'enterrement avec ses bonzes habillés de longues lévites jaune d'or, ses gongs et ses bombances culinaires ?

Un spleen de cauchemar, combattu de plus en plus faiblement, et conduisant inéluctablement à la chute aux bas fonds, d'abord par besoin de tromper l'ennui, puis pour répondre à un besoin de plus en plus despotique ; un tableau d'orgie obscène ; des silhouettes de prostituées japonaises ; la familiarité dégradante d'un boy vicieux et................ le livre s'achève et...... l'on souffre. C'est donc cela notre Asie Française ? Non.

Par bonheur, il arrive que de grandioses peintures redonnent, à la pensée lourde des fumées imaginaires du vice évoqué, l'envol libérateur ; et l'espérance naît de découvrir enfin la beauté réelle de notre Cochinchine, quand une promenade, même à peine hors de la ville, conduit vers la campagne se profilant sur un ciel chargé des feux, restés sanglants, d'un soleil qui fut, pendant le jour, implacable de pureté ; car c'est de la campagne que s'élève l'âme du pays. Ce n'est qu'une éclaircie d'ailleurs car, pour la connaître, cette campagne, il faut la sentir monter alentour et, avec elle, s'envoler assez haut pour planer au-dessus de l'immense plaine.

Vouloir cette poésie c'est accepter de vivre longtemps dans la lumière des sécheresses qui accablent, pendant six mois de l'année, les champs au repos ; longtemps aussi sous les averses qui arrosent, en le ranimant, le limon altéré.

Voilà douze années que je vis ainsi. Peut-être, si je suis lu avec bienveillance, devrais-je en chercher la raison dans la satisfaction qu'on prendra à suivre, dans ses observations, non pas un fugitif passager, observateur furtif de milieux cosmopolites dans une cité artificielle, mais un vrai cochinchinois ayant jeté l'ancre pour un mouillage permanent.

L'âme de ce pays, c'est l'âme de la terre.

Il ne suffit pas de monter dans une de ces petites voitures légères, suspendues sur deux grandes roues de bicyclette, avec des brancards de bambou et traînées par un homme, véhicule rêvé pour la promenade et que tout le monde connaît sous le nom de pousse-pousse ; il ne suffit pas de sortir ainsi de la ville et, après avoir vu la campagne à droite et à gauche de la route, sur deux kilomètres, de retourner sur ses pas, lassé déjà et sous prétexte que la Basse-Cochinchine est partout pareille à elle-même, ce qui, au demeurant, se trouve vrai. Après cette excursion l'on aura tout vu et l'on ne saura rien.

Il faut qu'à la vision d'un lambeau de plaine, succède la vision d'un autre lambeau de plaine et ainsi longtemps, très longtemps, loin, très loin ; il faut aussi avoir vu le paysan annamite luttant corps à corps avec la glèbe, puis le revoir encore et le revoir toujours. Il ne vous dira rien, mais vous saurez quand même qu'il adore son limon à l'égal d'un dieu.

Cette monotonie doit vous lasser, vous énerver, vous irriter. Quand vous serez près. de la maudire, alors, mais alors seulement, vous connaîtrez les forces spirituelles de cette plaine interminablement verte ; elle pèsera sur vous comme une chape d'éternité, et vous saurez qui est le « Nha quê », ce paysan calme, docile, mais recélant une énergie admirable et portant en puissance d'étonnantes réactions.

Lorsque vous aurez, par une longue contemplation, atteint ce point d'observation, le temps passera désormais imperceptible, uni comme la plaine, à peine marqué deux fois par an par la saute de mousson du Nord-Est au Nord-Ouest et du Sud-Ouest au Nord-Est, immuablement.

De cette immensité plate subissant, passive, les éléments, monte, irrésistiblement, l'exhortation à la patience ; l'on ne peut communier avec l'âme de ce pays, si l'on ne sait pas cela, pour l'avoir senti. Et si on l'ignore, que d'erreurs viendront de là !

Ce qui, souvent, est défini résignation douloureuse n'est, venant des Annamites, qu'une silencieuse mais intelligente et reconnaissante acceptation. Voilà pourquoi certains, ayant décidé de nous tromper, prétendent, en le disant et l'écrivant, ceci absolument faux, que l'Annamite se soumet comme une bête de somme à la domination française.

Est-ce que pourraient répondre à cela ceux qui, de la Cochinchine, connaissent seulement les dancings de Saigon et les fumeries d'opium à Cholon ou qui n'en font que traverser la plaine, furtivement pourrais-je presque écrire ?

Non. Il est bon pourtant qu'on possède assez de cette autorité qui vient de la seule expérience de la vie, non apprise, mais vécue, pour riposter en affirmant que le paysan annamite, j'entends les quatre-vingt quinze centièmes de la population, est heureux, comme dans peu de contrées au monde l'homme est parvenu à l'être ; et cela, il le doit à la paix française.

Autrefois, la guerre civile troublait ce pays. Aujourd'hui la tranquillité y règne.

De temps à autre, d'audacieux dévoyés tentent et réussissent la razzia d'une ferme isolée ; cela est regrettable, mais je pense,

pour avoir plaidé ces sortes d'affaires
souventes fois, que l'acte de piraterie, ainsi
qu'on le dénomme, se présente, ici, généralement bénin puisque, fréquemment, tout
se réduit à une porte enfoncée laquelle
était simplement poussée, à quelques bous-
culades et, finalement à l'incendie de la
paillote c'est-à-dire d'une hutte sans valeur.
Il arrive que le sang coule, mais c'est
l'exception. Donc, il faut dire, écrire, et
sans cesse répéter, que la sécurité des
campagnes, sous le drapeau français, est
aussi absolue qu'on peut la souhaiter, une
fois entendu que rien n'est parfait.

Dès lors, ces millions de cultivateurs
annamites qui sont la vraie Cochinchine,
vivent de deux choses également grandes,
même grandioses: le Fleuve et la Rizière.

Leur « cai nhà », presque toujours, repose
sur la berge d'un cours d'eau et mire, dans
les eaux sales, d'ocre brun colorées, leur
irrégulier profil.

La glaise de la rizière proche, découpée en blocs carrés comme des moellons à paver, forme le terre-plein qui deviendra dur comme la brique quand auront sévi les chaleurs.

Des troncs d'aréquiers fournissent les piliers; les cloisons, minces, sont de feuilles sèches ainsi que la toiture.

Simple hangar, parfois partagé en compartiments, cette modeste cabane abrite la famille annamite des campagnes. Là vont chercher un abri, aux heures lourdes du jour et à la nuit, plusieurs générations; marié très jeune l'annamite a la joie de voir lever autour de lui ses rejetons, de les aider dans leur ascension à la vie et plus tard de s'appuyer sur eux lorsque les années l'écrasent. Aussi les foyers sont-ils heureusement ornés et vivants. Le grand-père, d'abord, vieillard bronzé par une longue endurance du soleil, la peau ridée, la bouche édentée, le menton prolongé par une traînée de poils gris et rares, vêtu de toile noire ou bleue comme les jeunes qui travaillent, lui se repose de ses longues fatigues, couché sur le lit de camp fait de planches juxtaposées; parfois, quand le grain fut bien vendu, il fume l'opium. La grand'mère, après, ratatinée et bavarde, soigne les petits enfants. La génération suivante, elle, peine; l'homme aux champs, la femme aussi, puis quand aura cessé l'époque des travaux champêtres pour le riz, le mari pêchera et la femme vendra des fruits; les nombreux enfants aident leurs parents dès que la force leur est venue. La terre, le fleuve, tout est là pour l'annamite.

Le matin, les silhouettes — couleur terre de Sienne brûlée — des chaumières se dégagent peu à peu des écharpes de brume qui les enveloppent; dans le brouillard se levant on aperçoit les habitants sortant un à un en même temps que les poules, les canards, et tous vont vers l'arroyo suivis d'un porc sympathique qui pousse des grognements. Les enfants bientôt arrivent pour les premières ablutions dans l'eau rouge de limon ; la mère, elle, se prépare à partir pour le marché ; dans sa barque, fluette et légère, elle dépose les fruits, mangues, bananes, mangoustans, oranges, mandarines et les légumes et aussi les herbes à soupe ; seule ou accompagnée d'une fille, elle s'assied au fond de l'embarcation, les jambes repliées sous elle et, les mains agrippant une pagaie, elle part ramant vigoureusement vers le village voisin ou le poste européen.

Le mari, les fils, font la pêche au filet, à l'épervier ou à la ligne, ou bien et surtout ils vont à la rizière pendant la saison des cultures. C'est là qu'il faut voir l'Annamite parce que tout son bonheur vient de là. Il fournira, sans murmurer, les efforts les plus violents si la rizière lui est favorable, si le fleuve ne vient pas, dans sa colère, l'inonder et la dévaster.

Cette observation est de la plus haute importance parce que le Gouvernement français, au lieu de se laisser impressionner par les jérémiades des citadins bruyants et exigeants, devrait avoir les yeux fixés sur la campagne et cela jusqu'à l'obsession et ne rien refuser de ce qui peut la favoriser car c'est d'elle que tout vient. Là est le secret.

Je sens cela invinciblement et, mieux que par l'esprit, c'est par l'émotion que j'ai reçu l'âme de ce pays.

Combien de fois, le soir, revenant de parcourir la plaine, n'ai-je pas rêvé ainsi en voyant rentrer du labour, le paysan qui a pris la couleur de la terre tellement il l'a épousée.

Le résultat de mes réflexions et surtout de mes sensations, pendant des années et des années, prenait la majesté d'un dogme et, à cette heure du jour, la vérité se dramatisait parce que je songeais aux suites d'une erreur sur le génie des peuples.

Des visions se profilaient sur l'horizon magnifiquement tragique au soleil couchant.

De la route, au premier plan, l'arroyo serpentait entre des berges piquées de touffes d'arbres où les bambous ondulaient leurs grâces ; puis venait une ligne forte de forêt drue et vert sombre d'où émergeaient cocotiers et aréquiers projetant vers le ciel leurs plumets ; après, s'étirait la plaine, vaste, immense, à l'infini ; enfin le rideau céleste fermait l'horizon avec ses féériques traînées d'indescriptibles couleurs. En haut, planait, immobile, impressionnante, une voûte d'or, d'où descendaient, tumultueusement, des coulées comme des torrents où l'eau eut glissé, tranquille et bleue, puis brusquement se serait heurtée à des rocs d'ocre clair et, du choc, jaillissaient des éclaboussures d'améthyste et des étincelles de rouge feu.

Cheminant sous le chaos magnifique et divin, des hommes rentraient des champs, isolés ou par files, des enfants ramenaient des buffles et, derrière eux, la rizière restait placide et forte, les grosses mottes brunes soulevées pendant le jour accrochant les derniers reflets du soleil.

Au bord de l'arroyo, les tiges de bambou se penchaient, majestueuses et souples, inclinant leur altière silhouette de plumes d'autruche sur les eaux embrasées, cependant que les aréquiers fluets dressaient, dans l'agonie du soleil, leurs tiges hautes et parfaitement droites comme des baguettes d'encens.

ALBERT VIVIÈS.

CHAPITRE PREMIER

Lecteurs, nous sommes en Basse-Cochinchine, terre française depuis plus d'un demi siècle; nous vivons dans un «poste».

Mais, j'y songe, vous ne savez probablement pas ce que c'est qu'un «poste» et je dois vous en donner rapidement une description sommaire. D'entre les anciennes agglomérations de l'époque impériale annamite, les Français ont choisi de loin en loin celle qui leur apparut facile et utile à fortifier et y construisirent une manière de redoute que j'appellerai blockhaus pour écrire un mot anglais comme tout latin qui a souci de sa réputation. Assez généralement le point stratégique fut le confluent du Grand Fleuve et d'un « rach » affluent important et situé sur la voie naturelle d'un mouvement économique. Le centre de conquête ne fut plus bientôt qu'un réduit de défense éventuelle, puis, la paix française s'étant vite imposée, les Annamites en sentirent les bienfaits, la comprirent; l'administration civile remplaça l'autorité purement militaire, et, peu à peu, la Cochinchine partagée en provinces, chacune de celles-ci, au nombre de vingt environ, eut pour chef-lieu l'ancien poste militaire devenu le point capital par la centralisation de tous les services : militaires d'abord, civils ensuite.

Aujourd'hui, ces postes sont de petites villes mais n'ayant rien de commun avec Saigon. Aussi bien, comme je crois que les renseignements sur eux n'ont pas souvent figuré dans les prétentieuses relations de voyages modernes par cette raison qu'ils furent un peu dédaignés ; comme aussi tous ceux appelés en service en Cochinchine vont certainement, dans un temps, occuper un poste, je vais, en quelques lignes, tenter d'en donner une impression.

Je choisis Cântho comme type. Ils sont d'ailleurs à peu près tous pareils.

Donc le Grand Fleuve roule ses eaux rouge brique sur une largeur de plus de deux mille mètres ; un rach, ainsi sont nommés ici les arroyos, vient le rejoindre et l'aborde de biais, charriant lui aussi de la glaise ocre. Leurs deux lits forment un angle sensiblement droit, à l'extrême sommet duquel fut posée une redoute ; elle n'a pas disparu mais son destin, adouci, est d'abriter le « bungalow », la maison de passagers et le cercle européen. La rive, aménagée, présente une paroi verticale en pierres surmontée d'une balustrade en briques rouges. Le terre-plein séparant les eaux des bâtiments s'orne d'une pelouse et d'une rangée de cocotiers. Rien n'est plus beau que ce coin de Cochinchine lorsque, les soirs de lune, l'astre sort des bourrelets vert-noir de l'horizon et, brusquement, illumine l'immense plaine, allongeant ses clartés de plus en plus dorées, les ondulant sur les vagues légères du large fleuve, pour venir projeter sur le gazon l'ombre des cocotiers, tandis que sur l'onde fortement éclairée, une jonque chinoise glisse lourdement, étendant l'ombre massive de sa carcasse et celle aux contours capricieux de sa voile curieusement découpée.

Quittons ce lieu enchanteur où, chaque soir, le travail terminé, les Français du poste passent les dernières heures du jour à jouer au tennis, aux cartes, et, dans une conversation parfois animée mais assez généralement cordiale. Continuons vers le centre.

En amont du cercle, sur le Grand Fleuve, un immense parc, avec, au milieu, une manière de palais rouge et blanc, arrête la vue ; vous voyez, ici, la résidence du Chef de province représentant directement le Gouverneur et qu'on peut assez précisément assimiler au préfet d'un département. Entre ses mains, naguère, était massée toute autorité ; il lui en reste un peu en droit, beaucoup en fait.

Sur la berge du rach, érigée en quai, un terre-plein sert au trafic commercial par eau ; une rue vient ensuite, bordée de boutiques chinoises et, depuis peu, d'échopes annamites. D'autres rues suivent, parallèles, coupées d'autres encore perpendiculaires au sens du courant. Tout cela est à peu près géométrique. Des villas, comme on en voit dans nos villes d'eau françaises, servent d'habitations aux Européens fonctionnaires des mêmes services qui nous administrent dans la Métropole.

Indépendamment de l'Administrateur et de ses collaborateurs, adjoint, comptable français et secrétaires annamites, il y a un tribunal, des magistrats et des avocats, un greffier notaire; puis un receveur de l'Enregistrement, des écoles avec des professeurs français et indigènes, parfois, souvent même, une ou plusieurs institutrices françaises.

Pour les Français, une église coquette est desservie par un ou deux pères des Missions étrangères.

Pour un lecteur français, je puis en quelques mots dépeindre la mentalité des habitants d'un poste en écrivant qu'elle est la même que celle des petites villes de province d'après Balzac. Ce n'est pas un compliment et, exception faite pour les très bonnes camaraderies et quelques amitiés que l'on s'y procure, la vie de poste manque d'intérêt. Aussi, après avoir ainsi esquissé le cadre où elle passe, je l'abandonne non sans vous avoir annoncé pompeusement que Cântho, seul de tous les postes, possède une imprimerie moderne et que, de là, s'envola la première feuille d'un journal politique complètement dégagé de l'emprise saigonnaise.

Plus précisément, ces lignes partent d'un « poste », important entre tous, centre urbain de la plaine occidentale de la Colonie et qui a pour nom Cântho ; pour vous le figurer, je dirai qu'en comparant la plaine du Delta à une gigantesque toile d'araignée, Cântho en occuperait assez exactement le centre remarquablement actif.

Ayant formé le dessein d'y fonder un journal devenu à mon avis nécessaire, j'exécutai mon projet.

L'Appel, organe politique, économique et littéraire, — ainsi porte sa manchette, — y parut sous le numéro 1 de série, pour la première fois, le 10 juin 1922. C'était le premier journal, rédigé et composé, en province, je veux dire hors Saigon, évènement qui, de près n'était rien, mais apparaîtra un jour, de loin, comme ayant été quelque chose. Ce point d'histoire locale sera désigné : « apparition de la Presse provinciale française ».

Ayant baptisé le nouveau né, je rédigeai son acte de naissance que voici :

Combien sont-ils, étrangers ou coloniaux, qui, revenant de France, rapportent avec eux, sur Elle, de définitives appréciations ! Il serait difficile et injuste de ne pas croire à leur sincérité ; mais la naïveté resterait grande, aussi, de fonder une opinion sur leurs appréciations.

Le plus souvent, ayant atterri sur le quai de quelque port, ils ont pris un train du soir qui les a transportés, toute la nuit durant, à travers le pays, sans qu'ils s'y arrêtent et puissent le connaître, et, au point du jour, en frottant des yeux rendus bouffis par un sommeil incertain, ils ont aperçu les globes électriques des gares de la banlieue parisienne. Pendant des mois, une année, au seul caprice de leurs ressources financières, ils ont séjourné dans la capitale, puis, généralement, quand les brumes de l'hiver furent revenues déposer leurs tristes grisailles sur la Ville, ils ont repris le train pour ne se réveiller que hors de France ou près de la passerelle du paquebot qui doit les emporter. Pourrait-on soutenir que ceux-là savent le pays de France, qui n'en ont rien vu, en somme, hors Paris ? Assurément non ! N'en va-t-il pas de même en ce qui ressortit à l'opinion publique ? Nous pensons qu'il convient de répondre, à cela, par l'affirmative.

Il est hors de discussion que les triomphes éclatants comme les chutes lourdes, ne peuvent s'élever ou se précipiter que dans l'atmosphère des capitales ; mais l'on ne pourrait, sans s'exposer à ne détenir qu'une fausse documentation, considérer la réciproque comme vraie, et les succès ou les revers, consacrés ainsi, comme devenant, nécessairement, obligatoires pour tous dans un pays.

C'est pour avoir, un jour, mesuré et ramené à ses réelles proportions, l'importance de l'opinion parisienne, qu'en France des hommes de bon esprit et de caractère indépendant, s'affranchissant du joug, s'avisèrent de fonder la Presse provinciale. Ils avaient la vision juste puisque, à l'heure présente, et depuis longtemps déjà, sans prendre garde aux innombrables feuilles qui défendent des intérêts exclusivement particuliers et souvent momentanés, chaque grande ville compte un ou plusieurs journaux desquels le tirage imposant révèle l'influence et qui, tout en portant les couleurs d'un parti, traitent les questions les plus diverses dans un but de prospérité nationale.

Il nous est apparu que la Cochinchine ne pouvait pas échapper à cette règle qui veut qu'en toutes choses, en suite d'une centralisation exagérée, un impérieux besoin d'évasion s'impose. Là est notre raison d'être, et c'est également pourquoi, nous avons inscrit ces derniers mots en tête de cet article liminaire qui sera notre acte de naissance.

Nous croyons qu'il était bon d'exposer à des lecteurs que nous espérons nombreux, que le vain plaisir d'imprimer du noir sur du *blanc eut été insuffisant à nous décider. Notre objectif est de permettre aux habitants, contraints ou bénévoles, de la province, d'avoir une tribune indépendante d'où ils pourront exposer leurs idées. Notre pensée ne porte pas l'intention de combattre aveuglément qui que ce soit, mais elle implique le désir de pouvoir ne pas suivre, et la volonté de contrarier, ceux de qui l'action nous paraîtrait engagée dans une voie ne conduisant pas, en même temps qu'à un objectif particulier, à des fins d'intérêt général.*

Ainsi nous sommes amenés à formuler l'idée qui guidera la conduite de ce journal. Il ne s'agit pas de trouver, chose facile, quelques mots lapidaires et sonores, et, sous leur protection, cacher le vide. Soyons précis.

Nous admettons fort bien que chacun ait la préoccupation de tirer un profit individuel d'une situation donnée, que ce profit soit matériel ou qu'il soit moral; c'est admettre l'égoïsme comme loi générale, et c'est, en même temps, être franc; aussi attendrait-on en vain le mauvais plaisir de lire, dans ces colonnes, l'expression d'indignations désordonnées, car, trop souvent, ces cris d'horreur couvrent le bruit désagréable d'appels au scandale. Mais, au contraire, nous dirons ce qui devra être dit. Il est permis de tout écrire, sous la condition de le faire avec bonne foi et avec la plus parfaite courtoisie.

Un danger certain menace ceux qui assument la lourde tâche de gouverner ; le péril réside dans ce fait que, volontairement et avec malice, ou sans le vouloir et par coupable inertie, les collaborateurs proches ou éloignés, officiels ou naturels, des hommes au pouvoir, les laissent dans l'ignorance des faits, et c'est cette ignorance-là qui, entraînant la carence d'action opportune, crée, peu à peu, l'impopularité d'hommes et de régimes qui, par ailleurs, sont dignes de la faveur et de la reconnaissance des gouvernés.

Sans aucun doute, par conséquent, les gouvernants doivent arrêter, volontiers, leur attention aux nuages qui leur sont loyalement

*signalés dans un horizon que, malheureu-
sement, des ennemis malintentionnés ou, plus
encore, des amis maladroits, s'obstinent à
leur faire voir, clair, rose et sans tache.*

*Notre prétention n'est point de suffire à
pareille mission. Nous demandons que tous
nous fassent part des choses qui les intéressent
à un titre quelconque. Une lettre est bien vite
écrite et c'est de la variété des renseignements
qui nous viendront des innombrables points
de la Province, que sortira, sous notre plume,
une idée exacte des êtres et des choses.*

Il est sensible qu'en écrivant cela, j'avais
dessein de suppléer à quelque chose me
paraissant manquer. Quelle était cette chose ?
Désignons-la, puisqu'aussi bien il faut lui
donner un nom, sous ce vocable compré-
hensif : l'Opinion Publique.

L'on peut affirmer qu'elle n'existait pas
naguère. J'ose avancer qu'elle est un peu
plus aujourd'hui.

Un sens obscur semble déterminer l'esprit vers un désir de savoir, de comparer, de juger et de décider. N'est-ce pas déjà quelque chose? Assurément oui.

La Presse a-t-elle contribué à élaborer les premiers traits de ce dessin qui se devine à peine ? Un tantinet ; moins peut-être qu'elle eut dû le faire ; il sera pourtant injuste de lui refuser le mérite de cette conception. L'enfant sera-t-il de belle race ? Peut-être, mais il faudra lui donner grand soin car il s'annonce névrosé.

Vous allez vous exclamer en disant : quel est ce langage sibyllin ? Faites-moi confiance, je m'explique : la Presse, aussitôt que née, s'est montrée turbulente, recherchant trop ses succès dans l'exploitation de ce goût malsain qu'ont les foules pour les chroniques scandaleuses.

C'est contre cette dangereuse tendance que l'article liminaire ci-dessus reproduit précisait qu'il fallait aller énergiquement.

Cette prétention, au surplus, me valut

naintes apostrophes, les unes d'ironie, les attres de scepticisme, toutes articulées sur un ton de bienveillante protection.

Aux conseils reçus de lancer le nouveau journal dans la mêlée où les échos tiraient leur puissance de leur grossièreté, je répondis par l'article suivant :

La chose devait arriver. Elle est arrivée. La voici :

D'entre les échos plus ou moins sonores qui nous parviennent de province, éveillés par la parution du premier numéro de L'Appel *nous avons écouté, d'une oreille plus spécialement attentive, ceux qui prononçaient une opinion sur la formule du journal.*

Sans surprise, nous avons perçu un avis que nous attendions. L'idée de faire « appel » à la collaboration de tous ceux qui, en province, ont quelque chose d'intéressant à dire, est généralement approuvée ; mais l'on présage déjà que notre feuille ne saurait être qu'éphémère, parce que le public ne s'intéresse qu'aux polémiques passionnantes pour lui.

Qu'est-ce donc qui intéresse le lecteur et le passionne ? Sans ambages on nous signale les querelles de personnes ; en d'autres termes, un brillant et immédiat succès aurait été fait à L'Appel si ses colonnes eussent été, dès le principe, des fiches de signalement individuel.

Peut-on croire, qu'avant d'écrire l'article liminaire par quoi nous avons précisé nos idées, nous avons négligé de réfléchir ?

C'est volontairement et fermement que nous avons écarté, de nos préoccupations, celle de nous soumettre à un goût du public qui nous paraît malsain.

Vain succès, vraiment, que celui-là consistant à publier quatre feuilles de papier, sur quoi, en des termes inévitablement violents, des correspondants irrités imprimeraient ce qu'ils estimeraient être des vérités !

Ou nous avons mal exprimé notre pensée, ou ceux qui ont bien voulu nous lire ont compris que notre décision est précisément d'éliminer de nos colonnes tout ce qui peut ressembler à des attaques exclusivement personnelles.

« Votre journal ne sera pas lu » proclame-t-on.

Il n'importe. Dût-il en être ainsi, cela ne peut être que relatif, car nous persistons à espérer qu'il se trouvera, en province, des lecteurs qui s'intéresseront aux discussions sur les «choses» et qui nous apporteront la documentation précise que nous sollicitons d'eux ouvertement.

Est-ce à dire que nous resterions inertes si, d'aventure, quelque lecteur signalait à notre attention les atteintes portées par tel ou tel, à ce qui est l'ordre et la loi? Evidemment non, et nous serions même, alors, peut-être, en démasquant ceux juridiquement et certainement fautifs, d'autant plus écoutés que nous aurions gardé le silence quand la preuve de la faute n'était pas encore rapportée.

Quant aux idées, nous accueillerons, à propos d'elles, toutes les discussions sans exception, trop heureux que le choc se produise ici, nous offrant ainsi le régal d'un tournoi, d'où sortira une opinion.

Mais ne peut-on pas défendre ou combattre une thèse sans prendre à partie le « docteur » qui la présente ?

Peut-être le diagnostic qui nous prédit une mort très prochaine est-il bien rendu. L'Histoire affirme, en effet, que les inventeurs meurent de faim et c'est inventer que de vouloir qu'un journal s'enferme dans le cercle ci-dessus décrit.

Soit ! Un autre viendra ensuite, qui prétendra au même but, et réussira simplement parce qu'il sera le second.

En attendant ses funérailles qui seraient forcément modestes et n'intéresseraient personne, L'Appel rémémore son nom et compte sur la collaboration de ses lecteurs.

C'est ici le lieu de discuter sur l'utilité du journalisme dans nos colonies et, cette opportunité une fois admise, de préciser les directives qui doivent et peuvent être suivies.

Il n'est, pour discerner sûrement si quelque chosedoit être souhaitée, que d'en rechercher l'utilité, autrement dit d'étudier le point de savoir si elle répond à un besoin.

Or, certainement, le journalisme satisfait, dans notre existence contemporaine, ce besoin de curiosité qui, jadis, s'apaisait par la correspondance épistolaire.

«Jadis». Jusqu'où ce mot nous ramène-t-il dans le passé?

Pour nous arrêter à la Rome antique, que saurions-nous, de l'époque où elle vécut, triompha et tomba, si nous n'avions pas les lettres de Cicéron, de Pline et de tant d'autres?

Anxieux de ne jamais perdre le contact avec la Ville, éloignés d'Elle, spontanément comme Atticus, le célèbre ami de Cicéron, ou par l'exil tel ce charmant Ovide répudié jusqu'en un lointain et sauvage village de Bulgarie, les hommes occupés de politique ou de belles lettres, tendaient, entre Rome et eux, un lien qu'ils maintenaient et renforçaient presque superstitieusement ; ce trait d'union était le « courrier », dirions-nous aujourd'hui, qu'ils échangeaient avec leurs amis restés à Rome.

Plus près de nous, au Grand siècle ; plus proche encore, à la fin de la Monarchie, ne reste-t-il pas exact que nous devons de précieux renseignements à Madame de Sévigné et au chevalier de Boufflers.

Ce dernier nom est un chaînon qui me rattache à mon sujet. Gouverneur du Sénégal, le célèbre chevalier a fourni de remarquables rapports au Pouvoir central, à Paris, mais combien plus précieuses, parce que libres, sont les lettres qu'il adressait à sa Marquise sur Gorée et nos établissements de la Côte occidentale d'Afrique !

Est-ce à dire que toute relation épistolaire demeure désormais étrangère à notre vie ?

Le prétendre, sans distinguer, équivaudrait à une erreur relative.

Les longues harmonies de la vie d'antan ne sont plus ; nous agissons électriquement ; de rapides trépidations nous secouent et nous entraînent vers des réalisations toujours plus nombreuses et toujours souhaitées plus précipitées.

Où donc, dès lors, l'esprit trouverait-il à se poser pour y prendre ce délicieux repos qu'est le charme d'écrire ?

Aussi bien peut-on compter, chaque jour, plus rares, ceux qui marquent, pour leurs amis éloignés, les évènements desquels ils ont la bonne fortune d'être les témoins.

Il convient de noter également que les correspondances particulières n'atteignent que le destinataire et le petit cercle de ses amis ; cela suffisait autrefois, puisque la seule opinion qui comptait était celle de la Cour et que là se trouvaient le plus souvent ceux qui recevaient les lettres intéressantes. Mais, dès longtemps, l'opinion publique s'est élargie considérablement, et il ne suffit plus, pour qu'elle se déclare renseignée et sur ce point satisfaite, des échos de confidences amicales; il faut, pour aller jusqu'à elle, l'envol singulièrement plus puissant de la Presse.

Je considère, par provision, cette vérité comme acceptée ; un parti autrement difficile n'est pas encore pris et qu'il est indispensable d'arrêter.

Quel service rendrait un journal s'il n'était pas lu? Il constituerait, pour les historiens à venir, un document, mais, son irradiation immédiate demeurant nulle, il se trouverait avoir mal et même pas du tout rempli son destin.

Dans les milieux qui gouvernent et qui administrent, aujourd'hui, il m'est arrivé souvent d'entendre affirmer que la presse, parce qu'elle est peu lue ici, n'exerçait qu'une influence à peine accusée sur les masses.

Aussi, lorsqu'une fois, l'on a dessein de propager une idée, le moyen d'y parvenir réside, dit-on, dans les ordres donnés et les désirs de prince qui, eux, valent des commandements.

Cela ne satisfait pas notre esprit parce que, principe d'autorité, excellent d'ailleurs dans les premiers temps d'une conquête, le procédé, avec l'évolution inéluctable des esprits, devient inefficace et pourrait même être qualifié détestable.

Le rôle du journal à large expansion garde donc son importance qui ne peut que grandir, venant étayer la pensée du Pouvoir, la critiquer au besoin, la combattre même.

Et je suis conduit naturellement à donner ici sa place à une opinion très forte ici et maintes fois exprimée, en termes nets, dans les colonnes de plusieurs journaux de la Colonie.

Comment, considèrent à peu près exactement les tenants de cette idée, comment pouvez-vous prétendre, sans quelque naïveté, intéresser le lecteur en ce pays, si vous ne vivifiez pas votre pensée en l'appliquant à des personnes que tout le monde connaît, voit, entend, fréquente ?

J'entends bien qu'à ne pétrir que des idées, l'on risque de n'avoir pas de levain, or je n'ignore pas que le colonial est friand de condiment. Pourtant, je me fortifie dans mon opinion que, dans un pays de colonisation par exploitation tel que la Cochinchine, les querelles personnelles ne doivent pas être encouragées, parce que génératrices d'une ambiance malsaine où l'air ne devient respirable que pour les seules narines blindées.

En effet, une épithète en amène une autre et il n'est pas d'exemple qu'un manque de respect n'ait été suivi d'une irrévérence frisant la grossièreté, puis d'injures.

La caractéristique de l'outrage réside dans la nécessité, s'il veut garder sa puissance, d'aller toujours crescendo. Et c'est ainsi que l'on a pu lire, dans les colonnes de journaux cochinchinois paraissant à Saigon, des articles écrits avec du vitriol à l'adresse des personnages portant officiellement ici le drapeau français.

Quelle est l'opinion, sur ce sujet, des Annamites ?

Là voici à peu près :

La grande masse des indigènes reste étrangère à ces querelles, momentanément tout au moins ; la personnalité du chef français reste intacte à ses yeux ; mais, peu à peu, et beaucoup plus vite que l'on ne veut l'avouer, les échos de ces regrettables philippiques, souvent injustes d'ailleurs, parviennent jusqu'aux oreilles des campagnards, apportés par la voix de leurs enfants instruits dans nos écoles, par les instituteurs aussi et enfin par certains jeunes gens qui se sont donné, de leur propre autorité, le titre et la mission de chefs de leurs compatriotes et qui trouvent bon de ne rien laisser ignorer, par ceux-ci, des faiblesses des occidentaux en général et des Français en particulier.

Oh! certes, ils disent et écrivent que leur indifférence est grande pour toutes ces lessives de linge sale français ; qu'il convient à leur politesse traditionnelle, très certaine d'ailleurs, de conserver, sur cela qui ne les regarde pas, une discrétion de bon aloi. Néanmoins, la critique demeure par prétérition. Vous connaissez le procédé : « je ne dirai pas que les Français sont ceci, que les Français sont cela ». Soit! les représentants de ce qu'ils ont eux-mêmes désigné : le parti *Jeune-Annam*, se défendent de formuler des opinions tendancieuses sur la France, mais ils les reproduisent avec complaisance, et procèdent par de claires allusions. J'aurai occasion, dans le cours de cet ouvrage, de démasquer ces symptômes d'une ambition latente chez certains.

Donc, je crois et ne crains pas d'écrire que la Presse française ici fait œuvre néfaste quand il lui arrive de diminuer, dans leur personne privée et officielle, ceux à qui le Gouvernement français a confié les destinées de notre empire colonial.

Il reste, au surplus, un vaste domaine où l'esprit critique peut se donner libre champ ; et l'action gouvernementale reposant, ainsi que toute impulsion, sur des idées, pourquoi ne pas attaquer ces idées quand elles paraissent fausses absolument ou de façon relative ?

Aussi, lorsqu'est mal appliquée une idée juste, convient-il de signaler l'erreur.

L'on croit généralement que, seul, l'argument *ad hominem* touche le « prince », j'entends l'homme au pouvoir, en n'importe quel régime politique.

Je ne partage pas cette hypothèse et tiens pour assuré que ces attaques qu'il subit, souvent sans pouvoir répondre, lié par la gravité et la majesté de ses fonctions, ne font que l'exacerber jusqu'au jour où, poussé hors de son calme et d'un naturel souvent bon, il sort, avec tapage, de la pure légalité. Alors ses ennemis triomphent parce qu'il a donné ouverture à des reproches *devenus* justes ; mais est-ce que vraiment l'objet de tant d'énergie acerbe est convenable au but de notre mission colonisatrice ?

Je ne crois pas, pour préciser ce que je considère comme la manifestation opportune du droit de critique, pouvoir mieux faire que de reproduire ici l'article écrit par moi au lendemain du passage, extraordinairement rapide, dans l'Ouest cochinchinois, de la Mission parlementaire composée de MM. Outrey, Valude, Maitre et Perreau :

Je viens d'assister, à peu près, à une randonnée impressionnante, celle fournie par MM. les Députés composant la Mission parlementaire.

En quarante-huit heures, ils ont parcouru tout l'Ouest cochinchinois, et quand j'écris «tout» vous apercevez bien que j'entends le cordon de route partant de Saigon et aboutissant à Baclîeu, avec arrêt aux ganglions, je veux dire les postes.

*De cela, se dégagent deux observations :
D'abord il faut que nos élus soient doués
d'une résistance peu commune à la fatigue,
celle-là seule que leur a donnée l'entraîne-
ment des périodes électorales, pour subir des
journées entières de voyage en automobile,
coupées de banquets peu reposants.*

*Ensuite, afin d'écrire quelque chose de rai-
sonnable et d'indiscutable, j'affirme qu'ils
n'ont rien vu de ce qu'ils étaient venus officiellement constater.*

*Notez que, dans les quarante-huit heures
qu'a duré leur déplacement, j'ai compté le
temps du sommeil ! Que reste-t-il ? le parcours. C'est beaucoup et ce n'est rien.*

*Qu'un touriste désireux d'avoir, sur les con-
trées qu'il a résolu de visiter très rapidement,
une idée générale, traverse à toute vitesse
une région comme la Basse-Cochinchine
et que, retourné chez lui, il proclame connaître le pays, cela est possible, car, à vrai
dire, quand on a vu une rizière d'ici on les
a toutes vues, en tant que paysage.*

Mais qu'un député, un groupe de députés en mission économique, ayant circulé, en bolides, entre des champs de paddy, traversé des canaux et des fleuves sur des chaloupes ou des ponts, ou des bacs aménagés impeccables pour eux, prétendent rapporter des notions utiles sur les besoins des populations, cela est impossible.

Aussi bien, ne vais-je pas prêter à nos honorables une outrecuidance très loin d'eux assurément. Ce serait très méchant et nous désirons, dans ce journal, exprimer exclusivement des vérités premières et objectives. Cependant, il est bon de dire et d'écrire que les Membres de la Mission parlementaire sont désormais dangereux.

Qu'une discussion s'ouvre à Paris sur telle question intéressant notre Ouest cochinchinois et que, parmi les interlocuteurs, se trouvent, ensemble, un des membres de la Mission et un vieux planteur ayant trente années de séjour, de métier, d'angoisses, de misère même, dans les rizières de Nam Ky, je parie, cent contre un, que, en cas de désaccord, la parole du député prévaudra. Moi aussi, pourra-t-il dire, j'y suis allé. Et ce sera vrai ! Mais qu'aura-t-il appris ? Oh ! c'est très simple. A moins que les Missionnaires soient réellement des génies extraordinaires à qui un coup d'œil même furtif révèle tout d'une situation, il me paraît évident que nos députés devront adopter les idées de leurs cicerones, et je m'empresse de préciser que plus mal pourrait leur advenir, car MM. Cognacq, Outrey, Candelier, sans compter MM. les Administrateurs, chefs des provinces cochinchinoises, ont, de par leur expérience et leurs talents, de très bonnes pensées. Mais enfin la Mission n'est pas venue pour recevoir des opinions toutes faites, aussi excellentes soient-elles, et il est regrettable que le temps consacré par elle à réaliser (excusez-moi de parler latin), j'entends ici entrer directement en contact avec les choses, n'ait pas été prévu plus long.

En fait, nous aurons à la Chambre quelques parlementaires ayant augmenté leurs

*connaissances en géographie, qui seront ha-
biles à affirmer que la Basse-Cochinchine
est une immense plaine d'alluvions, argileu-
ses le plus souvent ; qu'il y pousse presque
exclusivement du paddy ; que le Mékong la
strie d'un réseau capillaire merveilleux. Si
d'aucuns d'entre eux sont poètes, ils pourront
ajouter quelques couplets sur les plumets
altiers des aréquiers et les cadences des rames
sur les eaux rouges, le soir, quand le feu vert
des jonques sur le fleuve ondule au gré d'un
léger clapotis.*

*C'est joli pour un promeneur, mais c'est
maigre comme documents économiques per-
sonnels.*

Ces lignes furent reproduites par tous les
journaux, ou à peu près, paraissant dans la
Colonie. L'on y mit quelque malice, bienveillante d'ailleurs, comme j'en avais mis moi-
même, mais l'on y sentait aussi beaucoup
de sympathie, voire même une déférente

commisération pour nos parlementaires que diverses contingences obligeaient à jouer légèrement un rôle qui, de par la nature même des tenants, était lourd de conséquences. Nos députés ont de l'esprit et, sans nul doute, ils ont pensé que l'apostrophe était méritée.

A ceux qui me liront je puis bien me permettre de signaler, en les leur rappelant simplement, car ils les savent déjà, les particularités géographiques et économiques de la plaine occidentale de la Cochinchine.

Immense, puisqu'elle mesure des millions d'hectares, elle n'est carrossable que suivant un ruban de route affectant la forme d'un V, partant de Saigon, aboutissant à la pointe de Camau, et passant par Mytho, Vinhlong, Cântho, Sôctrang et Bacliêu.

Cântho est la tête de ce V.

Quelques routes, belles d'ailleurs, conduisent à des points adjacents : Sadec, Travinh, Rachgia et Longxuyên.

A suivre, à la vitesse d'une voiture automobile, cette voie et à regarder attentivement la contrée, l'on en prend une vue générale et superficielle; or, ce n'est pas une photographie d'amateur que des parlementaires en mission doivent prendre, mais un cliché de professionnel, car c'est sur l'épreuve qu'ils rapporteront et produiront que ceux qui n'ont pas vu se feront une idée.

Il est exact que, s'arrêtant dans chaque poste, les visiteurs recevaient la présentation des fonctionnaires, des notabilités indigènes et de quelques colons, mais tout cela en un quart d'heure, entre un souhait de bienvenue protocolaire prononcé par l'administrateur, chef de province, et l'inévitable coupe de champagne. Et la course reprenait.

Douze années vécues en Cochinchine, occupées par des fonctions de magistrat, puis d'avocat, avec des créations et la conduite d'entreprises agricoles, industrielles et commerciales puis la fondation et la rédaction d'un journal, provoquant des fréquentations assidues et attentives d'Annamites de tous les milieux, ne m'ont laissé, sur la connaissance des êtres et des choses de ce pays, que le doute envers moi-même et ma science, encore bien que la faiblesse me prend parfois, comme en ce livre, de prétendre ne pas tout ignorer.

Comment pouvais-je résister au devoir de signaler le danger d'une inspection si fulgurante que celle de nos parlementaires?

Voilà que va tomber la dernière note du premier chapitre de ce livre: « *L'âme de la Cochinchine* » et peut-être attendez-vous encore la communion avec cette âme que j'ai cherchée pour vous et pour moi.

Prisonnier des souvenirs littéraires que vous a laissés la lecture d'immortels chefs-d'œuvre, vous avez, lecteur, espéré entendre cette mélodie particulière au silence en Extrême-Orient et qui frappa naguère les poètes soumis délicieusement à son charme troublant.

Etant acquis que ce pays sort à peine du sommeil millénaire d'où il fut par nous sorti, vous avez naturellement songé que son âme viendrait à vous des rêves du passé. Je vois très nettement que, pour la recevoir, vous vouliez du mystère : une écharpe de brume enveloppant la vieille pagode sous les hauts banians aux énormes branches fantastiques à peine devinées ; des chants nostalgiques que la brise, le soir, apporte des chaumières ; la plaine toujours fuyant sous le regard avide, la plaine qui, la nuit, sous la lune, ouvre sur l'infini ; le cri rauque du gekko scandant le temps qui passe ; la pierre froide d'un tombeau.

Cette âme-là, tu l'attendais, lecteur. Je l'aime autant que toi, mais elle n'est plus entièrement vraie. Si, dans le même temps que les éternelles mélancolies qui montent de cette terre, j'ai noté le frisson que commencent de lui donner la fièvre d'activité, la trépidation qui l'agitent, c'est pour te montrer ce peuple avide de s'élancer dans le tourbillon qui entraîne le monde.

Le Français de Cochinchine n'est plus et ne peut plus être seulement l'artiste qui contemple une humanité sortant lentement et comme à regrets du sommeil en conservant ses dieux et ses rêves. Il doit agir et l'Annamite le suit, emporté malgré lui, mais invinciblement, par cette frénésie d'action qui semble bien être l'expression de l'âme moderne.

La Presse, traduction fidèle de cette névrose, prend un extraordinaire essor. L'âme de ce pays est l'âme de la terre et le sera toujours, mais des âcres parfums du limon de Cochinchine se dégage un fumet nouveau et enivrant : suivre le grand mouvement des peuples, parler, écrire, agir.

CHAPITRE II

———

Aussi doué soit-on, il n'est pas possible de *jauger* une situation d'un coup d'œil, quand cette situation est aussi complexe que celle d'une œuvre colonisatrice, pas davantage un écrivain ne saurait écrire vrai sur une société trop vite jugée.

A ce propos, je me suis permis, audace qu'il pardonnera à un jeune confrère, de tracer, au sujet de Claude Farrère, les lignes suivantes, dans les circonstances que voici : un geste malheureux fut fait par un commerçant; oublieux que le fonctionnaire français est irréprochable quant à sa probité, il fit au Directeur des D. et R. des propositions desquelles l'appréciation n'appartenait qu'à la Justice.

Un journal, écrit en langue française mais rédigé, remarquablement d'ailleurs, par un Annamite, publia un article intitulé *Tentative de corruption* et, à le lire, l'on pouvait revivre les temps qui marquèrent la décadence de Rome républicaine. Claude Farrère fut, par les Annamites de culture française, invoqué comme le peintre de l'orgie française en Cochinchine. Je répondis :

Notre excellent confrère L'Echo Annamite, *de qui nous aimons à lire journellement la forte prose sous la signature autorisée de M. Nguyên-phan-Long, a évoqué, dans son article* Tentative de corruption *du 10 août 1922, les pages des* Civilisés *de Claude Farrère.*

L'illustre écrivain lui apparaît comme ayant eu la vision, en 1905, de ce qui se passe de nos jours en Indochine. Est-il besoin d'analyser le roman ? Assurément non, chacun s'étant, hélas, plus ou moins formé une idée de ce pays sur la foi des intrigues qui composent ce livre.

La trame de l'écrit est tissée de choses pénibles encore que magnifiquement exposées. D'entre-elles, il en est de vraies, mais encore eût-il fallu dire nettement qu'elles sont l'exception. Avec cette précision restrictive, l'on peut, l'on doit tout dire, et si Claude Farrère, en quelques lignes, avait déclaré que ce qu'il présentait au lecteur c'était des « cas », j'eusse applaudi sans réserves à son ouvrage. Je l'admire, littérairement parlant, mais je regrette que sa grande autorité ait contribué à répandre cette idée que l'Indochine française recevait une civilisation décadente.

De même encore, écrirais-je, la faute d'un quidam (peu importe son nom et sa naissance), oubliant sa dignité personnelle et celle

*du Directeur des Douanes, jusqu'à faire à ce
dernier des propositions de mauvais aloi, ne
saurait, en aucune façon, donner la marque
de la moralité actuelle de ce pays.*

*Qui donc a prétendu que nous étions par-
faits ? Qu'à certains moments, des choses
regrettables soient, le fait n'est pas pour
étonner. L'important reste que l'immense
majorité soit loyale et correcte. Cela est !
Pour un maladroit coup de pinceau n'ou-
blions pas, de grâce, la beauté du tableau
qu'a fait la France ici.*

Le magistral écrivain qu'est Claude Farrère a fait beaucoup de mal à cette Colonie,
parce qu'il a un immense talent et que ses
lecteurs n'ignoraient pas qu'il avait passé
par Saigon. N'y fût-il point venu que son
livre, considéré alors comme une œuvre
d'imagination pure, aurait eu le même succès littéraire sans déclencher l'incidence
malheureuse qui fit désormais de tout

Français de Cochinchine un « civilisé ». La question se pose de savoir si Claude Farrère a pu, la voyant aussi vite qu'il l'a vue, prendre une complète et juste mesure de la société française ici ? Je réponds non, car seules les exceptions, et les mauvaises exceptions, lui ont livré leurs secrets.

De la même façon les personnages officiels, qui parcourent la Cochinchine ne voyant qu'une partie du tout parce qu'ils n'ont pas le temps de voir le reste, induisent faussement, et je suis d'autant plus libre pour écrire ainsi qu'à mon sens, ce qui leur est montré, villes pavoisées, notables en grand costume, etc., etc., ne forme pas ce qu'il y a de mieux, je veux dire le paysan luttant avec la glaise.

A le voir, ce paysan, l'on discerne sûrement l'effort souhaité par ce cultivateur de campagne qui demande avant tout, à notre protection, de pouvoir travailler tranquille, désir que j'exprimais ainsi :

Si l'on a quelque souci de rechercher quel pourra bien être le jugement de l'Histoire sur l'action française en Annam, je crois que, entre autres choses, il sera retenu à notre actif deux efforts principaux : la paix que nous avons procurée à des populations qui, de temps millénaires, vivaient sous les innombrables fléaux dûs aux guerres civiles ; aussi l'amélioration remarquable, conséquence directe de nos méthodes, en ce qui touche l'état sanitaire.

Ce patrimoine de souvenirs, ce fonds de reconnaissance, nous devons tout faire pour qu'ils ne soient pas altérés et pour qu'ils augmentent.

Je ne dirai rien de ce qui a trait à notre organisation hospitalière, la documentation me manquant, dans l'heure présente, pour en parler dignement ; je peux, néanmoins, en affirmer les bienfaits, ne fut-ce que par l'arrêt à peu près radical des épidémies et par la diminution de la mortalité infantile. Mais ce de quoi je m'en voudrais ne pas disserter quelque peu, en manière d'avertissement, c'est le devoir qui nous incombe de maintenir la sécurité dans les campagnes, car c'est de cela que le cultivateur annamite nous sait gré surtout.

Que, dès le principe, j'écarte tout pessimisme. L'Indochine française est, et très sensiblement, le pays du monde où la sécurité se révèle la plus certaine. En dépit des noires catastrophes que d'aucuns, esprits chagrins, s'attardent à prédire, je tiens pour assuré que toutes les comparaisons faites avec les autres pays restent à notre avantage.

Néanmoins, il faut admettre que notre organisation de la police est mal faite parce que reposant sur le personnage qualifié chef de la police villageoise : le Huong-Quan.

Ainsi que ses collègues en général, ce notable est recruté parmi ceux que n'imposent pas leurs traditions familiales et leur patrimoine. Soyons précis : il n'a pas un intérêt majeur à ce que la tranquillité règne, car il n'a presque rien à perdre.

Après cela, il fait beau prononcer et écrire que le devoir se suffit à lui-même et que sa grande voix, puisqu'on lui en prête une, en impose à la conscience ! La tirade peut sembler sonore, mais elle sonne faux. Un homme est un homme, c'est-à-dire qu'il a pour principal stimulant l'intérêt personnel.

La conclusion serait que le choix des édiles se portât sur les grands propriétaires fonciers qui, eux, vivant de leur travail personnel, plus souvent encore du travail des fermiers sur des terres leur appartenant, et comprenant que culture et moisson ne peuvent se succéder avec harmonie et profit que dans la paix profonde, agiraient énergiquement pour que cette paix fût et demeurât.

Malheureusement ces habitants, riches et conservateurs désignés de l'ordre, non seulement n'ambitionnent pas les dignités municipales mais encore intriguent avec supplications pour que ces fonctions ne leur soient pas dévolues. A cela une explication est normale, et il faut la chercher et la trouver dans les responsabilités qui incombent aux notables, tant vis-à-vis du pouvoir administratif qu'à l'égard de la justice.

Dès lors, il convient de penser à autre chose et, pour ma part, je vois assez bien la création de postes de police à raison de un par village. Là seraient désignés, non pas des gardes civils tels que nous les connaissons, (ces fonctionnaires ont donné amplement les preuves de leur incapacité et ce qualificatif en couvre bien d'autres que je préfère laisser au fond de mon encrier), mais des gendarmes auxiliaires.

Une école de gendarmerie serait organisée où les candidats, triés à l'entrée au point de vue moral et intellectuel, feraient un stage assez long. Ils sortiraient au concours, nantis de fortes notions sur leur métier, bien préparés à la prévention et à la constatation des faits délictueux.

Façonnés militairement, ils offriraient des garanties d'ordre moral. Ils seraient bien payés, parce que ces dépenses sont au premier chef utiles et profitables ; ils seraient armés.

Il y aurait ainsi, dans chaque village, trois fusils entre les mains de gens sachant s'en servir à bon escient.

Un ou plusieurs gendarmes français composeraient un poste principal placé au centre géographique d'un nombre d'agglomérations à déterminer et en rapports constants avec les détachements villageois de telle sorte que, aussi bien pour prévenir que pour arrêter, une sorte de filet serait jeté sur la région.

Enfin, pour assurer la liaison entre ces différents ganglions de protection, il serait indispensable de créer un organisme qui a donné en France des résultats si beaux, je veux dire des brigades volantes, à la condition, bien entendu, de les doter de moyens de locomotion extra-rapides, automobiles ou side-cars dans les régions sèches, canots-racers en pays bas.

Ces lignes ne sont qu'une esquisse largement brossée; mais telle que, la croyant de bonne façon, je la soumets aux réflexions de ceux qui ont la responsabilité du maintien de notre

plus beau titre à la reconnaissance des An-
namites : la Paix.

Cet appel signifie-t-il que la sécurité est
menacée ?

D'aucuns voudraient le faire croire pensant
par là discréditer le prestige de la France en
diminuant l'œuvre qu'elle a édifiée, et lui ôter
le mérite de la magnifique résurrection de
la Cochinchine sous sa protection.

En réalité, il n'est pas un pays au monde
où l'on puisse rencontrer tant de paix. A
ne donner son attention qu'aux méfaits de
quelques malandrins, l'on atrophie sa vision ;
or l'on ne regarde efficacement et justement
un peuple, qu'en en prenant une vue panoramique ; cette vue-là de notre Colonie est
splendide.

Certains, ayant tenté d'insinuer le contraire,
je fus amené à publier une série d'articles
que je cite dans leur ordre chronologique et
ayant tous pour objectif de combattre une

pensée que je sentais mal disposée à l'égard
de l'œuvre de la France depuis la conquête :

*Plus je parcours la Cochinchine, et je passe
mon existence à la traverser en tous sens, plus
je reste douloureusement stupéfait en lisant
dans la préface de Batouala les lignes
suivantes : « Sept ans ont suffi pour ruiner
cette région de fond en comble. Les villages
se sont disséminés, les plantations ont disparu,
cabris et poules ont été anéantis. Quant aux
indigènes, débilités par les travaux incessants,
excessifs et non rétribués, on les a mis dans
l'impossibilité de consacrer à leurs semailles
même le temps nécessaire. Ils ont vu la maladie
s'installer chez eux, la famine les envahir et
leur nombre diminuer ».*

*Si j'ouvre une discussion qu'après un grand
tapage l'on eût pu croire close, c'est par cette
raison que, à écouter les échos qui nous viennent
d'Europe, le livre de M. René Maran, jeté en*

pâture à la malignité de nos ennemis ou, ce qui n'est pas moins terrible, de nos amis, occupe les presses des éditeurs internationaux. En Allemagne surtout, les pangermanistes n'ont pas tardé à faire traduire l'ouvrage auquel l'Académie Goncourt donna la célébrité.

La personnalité de M. René Maran est hors de cause, et il importe de se placer, comme lui, du point de vue objectif.

Ce qu'il affirme m'étonne, je dirai plus, cela me paraît contraire à la réalité.

Beaucoup de pays coloniaux français me sont connus et jamais la présence de la France ne m'a paru y signifier la désolation signalée dans les lignes plus haut citées; au contraire.

J'écris de Cântho et, naturellement, les exemples me viennent de cette province où, pour ne faire état que des documents à mon immédiate disposition, je constate que de 1876 à 1886, c'est-à-dire bien peu de temps après la paix française, les terres mises en culture de façon efficace avaient déjà augmenté de trente mille hectares ; ce qui est vrai de ce coin du Delta se trouverait vérifié pour le reste. Cela est plus qu'évident en ce qui concerne les nouvelles terres de Bacliêu, Rachgia.

Vouloir faire croire à une France dévastatrice de races, paraît une énormité. Au pays de Batouala la population, en sept années, aurait diminué des neuf dixièmes ! Autant dire qu'elle a disparu et cela par notre fait, j'entends par la conséquence de nos vices et des malheurs apportés dans la vie des autochtones.

Vraiment, ma pensée se refuse à adopter cette suggestion. Car quelques chiffres me montrent que, dans les vingt dernières années, la population de la Cochinchine a profité d'une augmentation de vingt-huit pour cent. Est-ce que les maternités, les hôpitaux, les soins prophylactiques n'auraient été pour rien dans ce remarquable rendement ?

Ainsi peut-on dire qu'à côté de bien des travers, au rang desquels, d'ailleurs, l'on n'a jamais compté la méchanceté, les Français ont apporté à ce pays de bonnes choses, et encore qu'on nous prétende gens manquant *totalement de sens pratique, ces choses-là se sont traduites par des actes bienfaisants.*

Il serait, ou trop court ou trop long, l'article qui tenterait d'épuiser pareil sujet, mais, en peu de mots, il doit être permis de se demander pourquoi les Français qui sont en Afrique sont tellement différents de ceux qui se rendent spontanément ou sont envoyés en Indochine

Aucune réponse valable ne vient sous ma plume et je conclus à la proclamation de ce fait que, ou bien Maran a voulu forcer le succès en affirmant audacieusement comme générales des choses exceptionnelles ou bien que le pays de Batouala est un pays maudit.

** * **

L'article qui suit fut une protestation. Les journalistes annamites prétendaient que le Gouvernement voulait escamoter les élections parce qu'il en avait différé de quelques mois l'accomplissement, l'élargissement du collège électoral annamite exigeant des statistiques nouvelles très longues à établir

Je me suis, jusqu'ici, abstenu d'exprimer mon sentiment personnel, relativement au report des élections coloniales.

Pourquoi ? Par cette raison que mes confrères de la Presse saigonnaise avaient déjà écrit, dès le principe, et de façon excellente, sur le sujet, des choses qui semblaient s'imposer, et qu'il n'eût point été intéressant de les répéter.

L'Appel de quoi le rôle est modestement circonscrit à n'être que le reflet, aussi fidèle que possible, de l'Ouest cochinchinois, et duquel l'ambition consiste à tenter, parfois, de prendre, des populations rurales, un pouls correcement contrôlé, L'Appel a voulu savoir si l'indignation proclamée contre la décision qualifiée dilatoire, montait réellement de la masse. Pour répondre justement à cette question, il fallait interroger la CAMPAGNE, *car c'est là qu'est la Cochinchine.*

Voilà qui est fait. Le premier devoir du journaliste réside dans une sincérité hardie. Je m'attends, dans la mesure où cet organe peut intéresser, à provoquer des contestations et c sera le mieux, mais je me dois d'affirmer que l population annamite de l'Ouest, j'entends l ruraux qui travaillent et produisent, se dés´- téressent complètement des élections colonia s.

Je ne veux pas prétendre que cette pop la- tion a raison ; aussi bien me gardera -je soigneusement d'avancer qu'elle a tor Le fait, contre quoi rien ne saurait all r, le voici : les Annamites de la rizière, autr ment dit la très grande foule des producte rs de richesse gardent, pour souci dominant, de prendre le niveau de l'eau, pour savoi si les semis ont chance de lever, puis, les plants repiqués, si les inondations ne menacent pas leurs moissons, et, enfin, ces dernières enle- vées, si le prix en sera rémunérateur.

Or, que signifie cette parfaite quiétude ? Ceci tout simplement : Les vieux ont raconté ce qu'était autrefois ce pays sous les derniers règnes avant 1862 et ce qu'il est devenu et ils apprécient ce qui est.

L'Annamite des champs n'a pas de préoccupations d'ordre précisément politique ; il
ne faut pas, à ceux qui vivent avec lui, tenter
de faire croire qu'il en a ; la grande, la seule
question pour lui, c'est le riz.

Après cela je veux bien m'associer à mes
confrères pour demander que les élections,
suivant la nouvelle formule, aient lieu en
temps voulu pour que les élus votent le budget
de 1923. Cela serait raisonnable parce que
logique, et éloignerait, des esprits, toute
tentation de refuser à notre Ministre des
Colonies et à notre Gouverneur Général une
sincérité, de quoi ils ont donné, par ailleurs,
des preuves. Que « l'élite » clame cela, je le
conçois et le regrette, mais qu'elle n'avance
pas que c'est la population qui le crie, car
cela n'est pas.

M. le Gouverneur Cognacq a bien discerné
la mesure en limitant la précipitation à cette
condition que les listes électorales soient éta-
blies, et que se réalisent les autres prolégomè-
nes ordinaires à toute consultation populaire.

Il vaut mieux agir avec sûreté que d'encourir le reproche, facile après la mêlée, de l'avoir engagée avec désordre.

** * **

Des journalistes indigènes prétendaient que leurs compatriotes subissaient leur condition présente mais aspiraient à autre chose, je crus devoir leur répondre :

Encore que notre confrère La Tribune Indigène semble ne pas le croire, nous sommes en ce journal des « Français vraiment amis du peuple annamite ». Nous l'avons une fois déclaré ; point ne devrait être besoin de le réimprimer sans cesse et si, dans le moment, L'Appel marque, par ses écrits, une forte volonté de ne pas laisser, sans protestation, proclamer que le peuple annamite compte parmi les malheureux, cela est la preuve de son affection.

Les conseilleurs ne sont pas les payeurs, dit une sage maxime. Nous pensons que beaucoup, jouissant d'un bonheur relatif comme toutes choses humaines, perdent cette félicité modeste parce qu'ils se laissent persuader qu'elle n'existe pas.

C'est là une aventure pénible qu'il nous plaît de vouloir éviter aux habitants de ce charmant pays que nous aimons.

Non point que nous prêtions, à ceux qui prennent quelque plaisir à se justifier élite, de pernicieux projets ; simplement par cette raison qu'à vouloir être trop ami on risque parfois de devenir funeste.

Un groupement d'Annamites ayant pour programme la « Constitution » a entrepris de persuader la population qu'elle « aspire à un avenir meilleur, peut-être confus mais sûrement très différent de l'état actuel des choses ».

C'est net ; ce qui existe n'a pas l'agrément des « leaders » annamites ; il faut changer la situation actuelle des peuples de l'Indochine française.

D'une phrase, cela peut être justifié : « l'intérêt du peuple annamite est le dernier des soucis du Gouvernement ». Ces quelques mots ont été tracés par La Tribune Indigène.

L'Appel *les a relevés, cités, et à leur propos, il a exposé qu'ils étaient inadmissibles, ne correspondaient pas à l'œuvre que la France a fondée et suivie dans la Colonie et qu'au surplus, à interroger directement les campagnards, l'on pouvait sûrement discerner qu'ils gardaient, à la Nation protectrice, de la reconnaissance pour la grande paix qu'elle leur a donnée et conservée, après les milliers d'années de guerres civiles subies par leurs ancêtres.* La Tribune Indigène *répond ceci :*

« Un vieil argument.

« Il est devenu d'usage, lorsqu'on veut
« combattre les aspirations annamites, de
« s'en aller en criant : le cultivateur est content,
« la preuve qu'il ne dit rien : cela peut

« *paraître suffisant à certains esprits qui ne*
« *demandent qu'à croire. Notre confrère de*
« *l'Ouest, L'Appel, nous dit que l'Annamite*
« *n'a de souci que l'état de ses «mas» (semis)*
« *ou du prix de son paddy. Pour le reste, le*
« *dân (simple habitant) s'en... désintéresse.*

« *Ce à quoi nous pourrions répondre que*
« *lorsque Paris prit la Bastille, le peuple fran-*
« *çais des provinces n'y était pour rien et que*
« *la Révolution n'a jamais été que le fait*
« *d'une poignée de gens décidés de la capitale.*
« *Est-ce à dire qu'il n'existait pas dans la*
« *France de 1789, un sentiment de lassitude*
« *générale devant les abus du régime, un*
« *sourd mécontentement qui, pour ne pas être*
« *explicite, n'en constitua pas moins un*
« *puissant levier pour ceux qui voudraient*
« *modifier la face des choses ? Et les encyclopé-*
« *distes du XVIIIe siècle, combien étaient-ils ?*
« *L'histoire de la récente révolution chinoise*
« *ne montre-t-elle pas combien il serait*
« *imprudent de prendre le silence du peuple*
« *pour un signe d'acquiescement et de satisfac-*

« tion. Le « dân » ne dit rien ; s'il s'occupe
« de la situation des semis repiqués ou du
« cours de paddy, il n'en reste pas moins
« vrai que sa pensée secrète s'élève parfois au-
« dessus de ces préoccupations professionnelles ;
« seulement, devant les Européens, le nhà-qué
« garde ses sentiments pour lui tandis qu'il
« se confie à ses compatriotes qui, comme lui,
« aspirent à un avenir meilleur, peut-être
« confus mais sûrement différent de l'état
« actuel des choses. Il est des aspirations qui
« n'ont pas besoin d'être raisonnées. La Tribune
« Indigène l'a déjà dit à nos gouvernants et
« ceux-ci semblent de plus en plus convaincus,
« d'accord en cela avec les Français vrai-
« ment amis de notre peuple, que la nation
« annamite désire autre chose qu'un bol de
« riz assaisonné de nuoc-mâm. Libre à
« d'autres de prendre le mutisme du nhà-qué
« pour la satisfaction, pourvu qu'ils ne viennent
« pas, un jour, à s'apercevoir trop tard de
« cette quiétude de commande qui dispense
« de réfléchir et d'agir.

« *Nos confrères de la presse française*
« *accorderont bien, nous l'espérons, que La*
« *Tribune Indigène a jusqu'ici traduit assez*
« *fidèlement le sentiment populaire des*
« *Annamites de Namky, sans quoi, il y*
« *aurait longtemps que ce journal serait mort*
« *de sa belle mort comme toutes les feuilles*
« *de chou qui naissent un jour, pour des*
« *besoins immédiats et passagers, pour*
« *disparaître le lendemain sans laisser la*
« *moindre trace de leur existence éphémère.*
« *Notre seul appui est l'opinion publique*
« *indigène dont nous nous flattons d'être le*
« *fidèle écho. Quatre années de combat pour*
« *le bien des Annamites en sont la preuve.*
« *Tout le reste ne serait que vaines paroles*
« *ou geste puéril ».*

La Bastille ! Que voilà un gros mot ; et
que, décidément ces pierres de la célèbre
prison d'état sont donc lourdes à manier !
Je m'en voudrais de paraître ouvrir ici
une querelle. Cependant, il s'agit d'une

querelle d'histoire et celle-ci se révèle toujours intéressante.

Est-ce que, vraiment, l'on peut assimiler la Révolution Française à l'œuvre que prétendent accomplir les dirigeants du parti Jeune-Annam ? C'est y répondre que poser pareille question et je serais, à juste raison, démenti, si cette confusion, insinuée dans mon esprit, se traduisait ici sous ma plume.

Dès lors, dégagé de contingences qui me gênaient (car je n'ai pas pris l'initiative de dangereuses transpositions historiques), puis-je me permettre d'affirmer que la lassitude générale devant les abus du régime royal français d'avant 1789, si elle se concevait, semblable état d'âme et d'esprit en Indochine serait de pure fantaisie et de noire ingratitude.

Il me répugne de supposer que cela puisse être, fut-ce chez quelques-uns.

Ces grands bienfaits, qui nous furent apportés par la commotion révolutionnaire, étaient la résultante de nos longs siècles d'inquiétude ;

sans répudier l'œuvre de la monarchie française qui restera belle, et très belle et de quoi
nous pourrions souvent nous inspirer, il est
vrai de dire que de regrettables erreurs ont
aveuglé nos rois et les ont conduits au
précipice. Du gouffre où ils sont tombés sont
montées de grandes phrases, signifiant un
progrès réel pour l'homme, et qu'aujourd'hui
l'on regarde inscrites au frontispice de nos
monuments.

Ces choses acquises brutalement, et à quel
prix, nous les avons servies doucement et à
la fois à nos protégés.

Comment dès lors se plaindraient-ils ?

Il faut, avant tout, être de bonne foi. Le
campagnard de nos rizières, pour nerveux
qu'il puisse se sentir au moment où l'impôt
doit être versé, se reprend, s'il n'est pas excité,
et, à la réflexion, quand il pense quel fut
naguère son sort et quel il est aujourd'hui,
serait très étonné qu'on lui parlât de prendre
une « Bastille ». Quand les Parisiens, « poignée
de gens décidés » s'emparèrent de ce qui

devint par la suite le symbole rétroactif du despotisme, le Peuple, en l'apprenant, comprit par le même coup qu'en France il y avait des millions de gens qui eussent pris la Bastille ; mais, mon cher confrère, personne ne croira que de justes colères couvent ici, car si cela était, ce serait à désespérer de la sagesse des peuples, or le peuple annamite est sage.

* * *

L'âme de la Cochinchine contemporaine est-elle, maintenant, un peu mieux connue de vous, lecteur qui ignorez le pays ?

Vous saviez que des millions d'Annamites fidèles, que comptaient les générations venues áprès la conquête, avaient puisé dans leur reconnaissance un remarquable sentiment de respect pour la France. Des livres, des discours, des journaux vous l'avaient affirmé.

Gardez cette croyance.

Vous avait-on révélé que, dégagés de cette

masse du peuple, d'aucuns s'agitaient, tour-
mentés d'une curiosité nouvelle ?

Non. Pourtant, ils sont, ceux-là aussi,
l'âme de leur pays et c'est pour tenter de
vous les faire un peu discerner que j'ai
tracé ce chapitre, car j'ai la volonté d'écrire
une étude sincère.

Naguère, l'homme d'Occident jouissait d'un
prestige venu de ce qu'il l'avait emporté par
la force. C'était peu que cette supériorité,
qui pouvait être prise pour de la crainte.

Un autre prestige vint heureusement s'y
ajouter, celui de l'esprit; un autre encore,
le plus grand, vraiment français celui-là,
monté directement du cœur, l'emprise sur
les âmes.

Des organisations administratives et économiques puissantes montrèrent le pouvoir
de notre méthode latine; des œuvres magnifiques de charité et de solidarité sociale
révélèrent notre bonté.

Tous s'inclinèrent et il fut un temps où
les Annamites, malgré la remarque qu'ils

faisaient de nos défauts, n'avaient pas la pensée de nous les reprocher.

Faisaient-ils bien ainsi ou ce silence
indiquait-il seulement de la déférence ?

Considérons qu'ils marquaient un profond
respect à notre endroit. Puis des esprits
pensèrent avoir découvert que nous n'étions
pas parfaits et le proclamèrent. Ce fut
d'abord simplement par malice, un peu
comme des enfants s'amusent aux dépens
d'un professeur aimé et de l'indulgence de
qui ils sont sûrs, mais cette fronde, naturelle
au tempérament annamite et qui était
primitivement sans but, eut bientôt des
objectifs.

Aujourd'hui, il y a novation ; ceux qui se
flattent d'émancipation prennent plaisir à
rechercher et publier les réquisitoires que
les Français aiment tant à prononcer et
écrire contre eux-mêmes.

Cette joie un peu sadique qui leur vient
de nos turpitudes est navrante, mais il serait

inexact de prétendre que nous ne portons pas relativemeut la responsabilité de son éclosion.

L'âme de notre Cochinchine est nouvelle, mais est-il plus surprenant de la sentir ainsi que de voir, dressées vers le ciel bleu, laides mais orgueilleuses, les cheminées d'usines dominant la Plaine des tombeaux ?

Le delta du Mékong est une immense plaine tranquille ; il ne s'en élève, naturellement, aucune arête agressive ; c'est le Sud pacifié ; la paix était son destin ; le culte des ancêtres, sa religion ; l'agriculture, ses peines, son plaisir, sa vie ; la tradition, son gouvernement ; les hommes d'Occident lui ont rendu sa tranquillité troublée par des aventuriers descendus du Nord et ainsi l'ont sauvé et rendu à son sort et cela fut beau, mais, par la brusquerie de leur offensive contre tout ce qu'ils ne comprennent pas, par leur logique et par l'âpreté de leur scepticisme, ils ont dissipé les mythes que les siècles y avaient pieusement placés et l'âme de ce pays s'en trouve transformée. Au respect de ce qui fut, à la paisible attente de ce qui sera, se substituent avec une stupéfiante et dangereuse violence chez certains, l'amour immodéré du « moi », l'oubli de ceux qui sont partis et le désir d'aboutir vite, très vite, trop vite et d'obtenir les avantages escomptés, avantages matériels.

Ces hommes ne veillent plus le passé mort ; ils bousculent le présent et violent l'avenir.

Voilà l'âme de la Cochinchine contemporaine.

CHAPITRE III

Je n'ai rien à ajouter à l'article qui suit,
intitulé « Tendances » ; tel je l'écrivis naguère,
il se suffit. Il fait un complément naturel aux
précédents et dévoilera nettement combien
hardie est la presse indigène et quelles idées
lui viennent quand surgit un évènement tel
que le coup d'état fasciste :

Nous avons rompu en visière avec La Tribune Indigène, *il y a quelques mois, à propos
d'articles qui paraissaient sous sa signature*

*et dans quoi était affirmée cette contre-vérité
que la France n'a rien fait pour les Annamites
en ce pays.*

*Est-ce sincérité dans les regrets, est-ce désir
d'arrêter une joûte dangereuse, le tournoi
cessa.*

*L'Appel ne peut aujourd'hui laisser passer,
sans le signaler, l'article suivant paru dans*
La Tribune Indigène :

« *Ceci se passe... en Italie !*

« *— Ou bien on nous livrera le Gouverne-*
« *ment ou bien nous nous en emparerons par*
« *la force, proclamait M. Mussolini, après le*
« *défilé de l'armée des* « *Chemises noires* »,
« *un certain mardi d'octobre dernier. En*
« *face du Roi, du Gouvernement constitu-*
« *tionnel de M. Facta, du Parlement et de*
« *l'armée régulière de l'Italie, s'est ainsi dressé*
« *un homme devant lequel toutes les autorités*
« *légales du pays se sont inclinées. Sept jours*
« *après cette déclaration de M. Mussolini, qui*
« *n'était qu'un simple citoyen italien, élu chef*
« *du parti fascite, ce même M. Mussolini est*

« devenu effectivement le maître incontesté de
« la Nation italienne. Il a bien voulu conserver
« la royauté, mais entend gouverner sans
« partage, appuyé sur un parti politique,
« puissamment organisé, qui compte des
« centaines de mille partisans, anciens combat-
« tants de la Grande Guerre, formant une
« armée de volontaires prêts à marcher
« comme un seul homme au premier signal
« de son chef.

« Telle est la nouvelle que nous ont apportée
« les derniers journaux européens. Ceci n'est
« pas un conte, puisque les derniers Havas
« nous apprennent que M. Mussolini confère
« avec les Premiers Français et Anglais, que
« ses ambassadeurs discutent à Lausanne les
« affaires du Proche-Orient ; bref la déclara-
« tion de ce chef de parti était bien l'expression
« d'une volonté ferme à laquelle la Nation
« italienne, depuis le roi jusqu'au dernier
« prolétaire, a obéi aveuglément. Tout ceci ne
« serait en somme que chose indifférente pour
« nous, puisque les évènements se sont déroulés

« à 15.000 kilomètres de l'Indochine et que
« les Italiens n'ont rien de commun avec les
« Annamites, si nous ne voulions saisir cet
« exemple pour montrer combien étaient
« différentes les conceptions orientales et
« occidentales de l'autorité gouvernementale.

« Là-bas, sur la terre européenne, le seul
« pouvoir légitime est celui qui répond aux
« aspirations de la masse populaire ou du
« moins de celle qui sait s'exprimer ; et tout
« gouvernement qui cesse d'avoir la confiance
« du peuple devient indigne de l'honneur de
« gérer les affaires publiques. Le droit de
« contrôle du citoyen ne consiste pas seule-
« ment à constater les mauvaises gestions, à
« murmurer contre l'incapacité des chefs
« pour solder les frais de leurs maladresses.
« Les royautés sombrent dans les révolutions,
« les ministères tombent comme les feuilles
« d'automne, sous la poussée du ressentiment
« du peuple ; M. G. Clemenceau, proclamé
« Sauveur de la Patrie, a cédé la place à M.
« Briand, qui s'en est allé à son tour devant

« *M. Poincaré ; M. Loyd Georges qui a*
« *présidé aux destinées de l'Empire britan-*
« *nique, pendant la guerre et l'après-guerre,*
« *est descendu du pouvoir après la débâcle*
« *grecque en Asie-Mineure. Le roi Constantin*
« *expie avec sa famille les fautes de sa politi-*
« *que de duplicité et d'impérialisme outran-*
« *cier ; ses ministres ont été fusillés après*
« *le désastre de l'armée hellénique en*
« *Anatolie. Des rois, des empereurs, parmi*
« *les puissants de la terre, ont payé chèrement*
« *les erreurs de leur gouvernement. Il est*
« *juste que, grands et petits, chacun soit*
« *responsable de ses actes en supportant les*
« *conséquences, ce n'est qu'à ce prix que les*
« *gouvernements s'améliorent parce que les*
« *gouvernants savent qu'il est des comptes*
« *qu'il faut rendre et que le peuple dont ils*
« *guident les destinées ont parfois des colères*
« *terribles, parfois même injustes. Mais ceci*
« *ne se fait qu'en Europe. Leurs Majestés*
« *Sisowath et Khai-Dinh n'ont rien à redouter*
« *du ressentiment populaire du Cambodge et*

« *de l'Annam, si toutefois il y a un ressenti-*
« *ment populaire* ».

J'estimai, alors, qu'il fallait répondre à cet article. Je répondis :

Cela est nettement tendancieux. Lisez les dernières lignes et persuadez-vous bien que quand La Tribune Indigène écrit « leurs Majestés Sisowath et Khai-Dinh » elle déguise à peine sa pensée qui est « la France ».

Il y a même quelque naïveté à supposer le lecteur assez simple pour ne pas voir cela. Tout le monde sait, et La Tribune Indigène mieux que personne, que leurs Majestés Sisowath et Khai-Dinh règnent mais ne gouvernent pas,

Prendre le souci d'assurer au Gouvernement français qu'il n'a pas à redouter un soulève-ment populaire 'ici, cela est bien près d'exprimer du regret de constater ce soulève-ment impossible, et cela n'est pas très éloigné d'y inciter, car l'admiration de La Tribune Indigène pour les fascistes est visible et d'ailleurs justifiée.

Mais pourquoi cette admiration reste-t-elle légitime ? Parce que le Gouvernement italien avait atteint les limites de l'impuissance et devenait néfaste à la nation.

Est-ce à dire que La Tribune Indigène assimile la situation en Italie avant le triomphe du fascisme à celle de l'Indochine ?

A lire l'article cité, l'on pourrait presque le supposer !

** * **

Les pages qui composent ce livre nc sont qu'une modeste contribution à la connaissance de notre histoire contemporaine en Cochinchine.

Mes amis Annamites trouveront peut-être ma manière rude. Elle doit rester ainsi, la sincérité l'exige.

La plante transgresse les lois de la pesanteur pour aller vers la lumière ; malgré tous les obstacles, parmi les faits et malgré leur chaos, je cherche la vérité.

Quel est l'élément qui conditionne l'évolution du peuple annamite désirée par la France ? La volonté de le décoller de sa glaise où il est plaqué face contre terre depuis des millénaires et, sans l'en arracher, de l'exhausser graduellement avec prudence et amour comme une mère conduit les premiers pas de son enfant qui se dresse pour prendre la position debout, pour enfin l'élever vers la clarté, lui découvrant peu à peu un horizon de plus en plus lointain et large.

Quel est l'élément qui conditionne la libération des Annamites, telle que la préconisent quelques-uns d'entre eux avec une audace parfois violente et qui, pour être heureuse, exigerait d'être exceptionnelle dans l'histoire des nations ? La volonté d'une ascension brusque vers des hauteurs où, presque fatalement, le vertige fait vasciller et tomber ceux qui y accèdent d'un trop rapide coup d'aile.

L'Histoire, dans la mesure où nous la connaissons et où l'étude que nous en faisons peut nous profiter, l'Histoire montre que la France est ici, dans sa conduite, plus amie, je veux dire plus *efficacement* amie des Annamites que ceux de leur race qui se proclament chefs et prétendent les commander.

A ceux-ci, hommes jeunes et ardents, va pourtant parfois notre sympathie et vers eux elle irait toujours si toujours nous découvrions qu'ils ont des desseins les dépassant pour intéresser la population d'où ils sont montés.

Ainsi, allaient, naguère, aux grands esprits animateurs de révolution future, voire prochaine, des vœux naïfs mais généreux émanant de ceux-là mêmes qui devaient, nécessairement, en être les premières victimes, tant il est vrai que l'admiration s'élève spontanément à ce qui est grand !

Or qui est plus grand que cet homme, que ces hommes montrant à leurs compatriotes, «traînards» de l'humanité en marche, la tête de colonne et s'élançant, seuls, en avant, orgueilleux et auréolés par le feu de la foi ?

Il est vrai, qu'alors, le « moi » ne saurait être haï car l'apôtre reste admirable bien qu'égoïste si, avide d'épanouir sa personnalité, il ne l'amplifie que pour la mieux rendre digne du groupe, du collège, de la nation qu'il entraîne.

Mais cet hymne de foi ne peut continuer de nous donner le frisson sacré, même pour ceux qu'il tue, que s'il monte d'une âme qui a compris des âmes, d'une prêtre, d'un patriote.

Ame de ce pays, es-tu bien dans l'âme de ceux qui se réclament de toi ?

Ont-ils le souci de te voir grande et belle, Cochinchine, seulement parce qu'ils ont la certitude de terminer bientôt leur courte vie d'homme et l'espérance de se prolonger en toi ? Ont-ils au contraire la volonté de s'élever assez haut pour être dignes de te servir de phare dans ton progrès ?

Ceux-ci t'aiment ; ceux-là n'ont que peur du néant.

Les premiers peuvent être assez justement comparés à cet avocat qui cherche en plaidant à obtenir un succès d'orateur ; les seconds à cet autre maître restant exclusivement préoccupé de sauver son client.

CHAPITRE IV

Les Gouverneurs de nos colonies n'ont pas accoutumé de publier leurs rapports politiques et la chose est des plus naturelles, mais cette réserve, à quoi les obligent leurs fonctions, ne nous est pas imposée.

Ce que je vais écrire ici n'est donc pas pour exprimer une pensée que je prétendrais être seul à posséder, mais simplement pour émettre un avis libre et dans l'intérêt de tous aussi bien de ceux que je pourrais sembler avertir et qui n'en ont probablement pas besoin que de ceux que je pourrais paraître démasquer et à qui je ne veux que du bien.

Il ne faut pas dramatiser la situation politique de la Cochinchine, mais ce serait aller au fil d'un trop grand optimisme que de ne pas lui accorder l'attention qu'elle mérite.

Le décor de la vie publique change ici avec une telle rapidité qu'il y a difficulté à discerner les transitions, légères mais combien nombreuses, modifiant le tableau. Il faudrait, pour le mettre au point de notre vue, une infinité de monographies, et le roman conviendrait parfaitement comme baromètre dans ce bouleversement social et politique, resté à ce jour pacifique et qui sera la marque de cette époque depuis surtout quelques années.

Si les détails ne sont pas aisés à fixer, encore reste-t-il possible d'accuser le mouvement général de l'évolution et celle-ci me paraît traduite assez fidèlement par l'apparition des journaux indigènes de langue française desquels les noms sont déjà suggestifs:

La Tribune Indigène, L'Echo Annamite, La Voix Annamite, La Cloche Fêlée.

L'écriture en est parfois hardie. L'important est de savoir si ceux qui rédigent et publient ces feuilles sont les représentants qualifiés et les mandataires tacites ou explicites de la population annamite.

Pour le savoir, il importe d'analyser cette population et d'en dégager les éléments.

Naguère, la Cour et ses dignitaires exceptés, l'on pouvait sans trop risquer une fatale erreur dire ou écrire : «les Annamites» ; aujourd'hui cette généralisation couvrirait la méconnaissance pleine de péril d'une dissociation assez bien dessinée.

Isolons les lignes générales du tableau.

Se plaçant en tête de leurs compatriotes, d'autorité, quelques dizaines d'Annamites ont constitué un groupe politique qu'ils ont intitulé «le parti Jeune-Annam».

D'aucuns, prétendant que ces jeunes gens n'ont reçu aucun mandat et, partant, n'ont aucune autorité, affectent de les tenir pour néant. Voient-ils juste ? On peut répondre qu'ils avaient raison dans le principe, mais qu'ils ont tort maintenant. En effet, ce qui, au début, a pu être l'audacieuse affirmation d'une minorité ambitieuse, est devenu et tend de plus en plus à devenir une réalité.

Il n'est pas niable que les journaux, transmettant la pensée du « Parti », se répandent chaque jour davantage dans les masses.

La chose d'ailleurs était fatale parce que les suggestions, lancées par les dirigeants de ces feuilles, atteignent des esprits augmentant en nombre d'année en année, je veux dire les jeunes gens doués d'une instruction rudimentaire non utilisée, non rétribuée et par conséquent les mécontents se croyant méconnus.

Pour éclairer ma pensée je vais tenter d'esquisser une brève étude de la société annamite contemporaine.

Il me plait de donner la priorité à la classe que j'affectionne le plus, les campagnards,

parce qu'une affinité de terriens m'en rappro-
che, parce qu'aussi c'est la plus nombreuse,
parce que surtout elle travaille et produit.

Qui ne connaît le « Nhà quê » popularisé
par l'image ? Chacun, en y pensant, le voit
courbé sur la glaise molle et rouge de la
rizière. Petit, en général, de couleur bistre,
la tête chevelue avec le chignon de poils
noirs et rudes en arrière, le front découvert
et rond, l'œil marron foncé avec une légère
bride, le nez déprimé à hauteur de la ligne
des paupières, puis légèrement aplati aux
narines, les pommettes à peine saillantes à
l'ordinaire, la bouche grande, rougie par le
bétel et la chaux, cet homme, habillé de
vêtements sombres et qui vous paraît grêle,
est en réalité d'une extraordinaire résistance
au travail. Des journées durant, sous un
soleil ardent, la réverbération dans les
yeux, il pataugera dans la vase, courbé sur
la terre et y plantant les jeunes *mas* (semis)
de paddy après qu'il aura préparé le limon
à les recevoir par une série de travaux

pénibles, fauchage d'herbes rebelles, labours et hersage. Cela aura duré des mois, puis il prendra un repos relatif, sauf la pêche, jusqu'à la moisson et, le voyant ainsi, chacun, injuste ou non averti, s'écriera qu'il est paresseux ! Ne croyez pas ceux qui se prononceront de la sorte, car ils vous rendraient ingrat envers l'artisan des magnifiques richesses de ce pays.

A quoi pense-t-il ?

Que l'on songe qu'il est cultivateur et l'on saura par là même que ses réflexions, ses appréhensions, ses espoirs procèdent d'une source commune : la terre, puis la terre encore dans ses rapports avec les éléments et la terre toujours.

Le philosophe de l'antiquité professait qu'on est toujours riche quand on peut contempler la terre, la mer et le ciel. Notre paysan annamite, quand il interroge l'horizon et prend le vent, n'y trouve probablement pas d'images poétiques ou de pensées métaphysiques, il y cherche seulement quelle sera la saison des pluies et si un typhon n'avance pas sa rafale désastreuse.

Si, par malheur, la récolte ne lui permet pas de payer le fermage et de rembourser à son propriétaire les avances qu'il en a reçues au début de la campagne agricole, un projet le hante aussitôt : il se renseigne et, s'il le faut, voyage pour se documenter sur la possibilité de trouver ailleurs une terre plus clémente ; l'a-t-il découverte, vous le voyez abandonner sa cabane pour émigrer, laissant là rizière ingrate et bailleur, pour aller, quelquefois très loin, planter sa hutte nouvelle, c'est-à-dire quelques troncs d'aréquiers en guise de colonnes, des lattes de bambous et des feuilles de paillotes faisant office de cloisons et de toiture. L'année suivante, il restera ou partira suivant la tenue de la moisson.

Il existe un autre type de paysan, le petit propriétaire ; lui, est incrusté dans sa *glaise*. Il a l'emprise sur elle, mais le limon exerce

sur son maître une tyrannie incomparable,
le doux despotisme de la glèbe.

Souvent insouciant, l'Annamite, au lendemain d'une heureuse année, au lieu de
prévoir des malheurs possibles, de se créer
une réserve en espèces ou d'investir une
partie de son capital en améliorations fruc-
tueuses, l'Annamite dépense intégralement
ses revenus. Aussi, vienne une période où le
sol est moins généreux et notre homme
empruntera un peu, pas beaucoup, à des
intérêts énormes, jusqu'au jour où il devra
donner sa terre en nantissement. Mais ce
qu'il appelle nantissement n'est le plus souvent qu'une vente à réméré car ce terrien
ne peut pas se décider à cette pensée que
jamais plus il ne possédera le lopin qu'il
hérita de ses pères et, conservant l'espérance aux racines poussées si profondément
dans le cœur humain, il prévoit la faculté
de rachat.

Il arrive assez souvent que cette clause
joue. Le propriétaire privé de sa terre en

apparence et sur le papier, la conserve en réalité, ne livrant à son prêteur que les titres constatant la propriété. Et le voici accroché à cette boue qui fut sienne et qu'il aime, s'efforçant à lui arracher sa libération. Dès lors à quoi voulez-vous que pense cet homme, sinon, comme celui-là que nous décrivions plus haut, à la température, aux probabilités sur la saison des pluies, à l'inondation possible apportée par le Mékong, ou à l'heureuse distribution des eaux entre celle qui tombe du ciel et celle limoneuse apportée par le Grand Fleuve? Les rats sont ses ennemis, il songe à leur opposer des meutes de chiens, du genre maigre et chasseur, qui l'accompagneront fouillant les touffes d'herbes sur les rives de canaux, d'arroyos, tandis que lui-même armé d'un javelot de fer, le lancera, rapide et certain, sur les rongeurs traversant l'eau.

Le prix du paddy l'intéresse, parce que si la récolte est déficitaire et que les mercuriales sont favorables, le mal sera diminué, parfois compensé. Si de hautes cotes coïncident avec une abondante récolte, c'est l'abondance, les fêtes possibles, les cérémonies interminables ; qui sait, peut-être même un bijou pour sa femme.

Ainsi, en signalant le goût des Annamites pour les festins, l'apparat, les jeux de toutes sortes, j'ai mis le dernier trait au portrait, j'entends à la superficielle esquisse de l'Annamite des campagnes et j'ai répondu à la question: à quoi pense-t-il?

Ce paysan, qui est le peuple, a besoin de réformes sociales mais il n'a pas de hantises d'ordre politique.

Le fait, d'ailleurs, n'a rien de paradoxal. A Rome, jadis, quelle fut la principale cause du mauvais succès qui suivit les efforts faits par quelques-uns pour sauver le régime républicain ? L'indifférence du peuple. Fatigué d'avoir lutté pour des prérogatives politiques desquelles il avait souvent mal usé et qui l'avaient conduit au désordre, au massacre et à la misère, ce peuple n'aspirait plus qu'à la tranquillité, sous un régime fort qui le protégeât contre les troubles civils, et lui procurât une vie matérielle satisfaisante.

Telle est exactement la mentalité de la grande masse du peuple annamite de Cochinchine, reconnaissante de la paix féconde apportée par la France ; je la suppose volontiers inaccessible à certaines suggestions tendant à une émancipation politique dont elle sait qu'elle n'aurait pas de profits.

*
* *

Un bloc social avec lequel il faut compter ici est l'interminable théorie des fonctionnaires.

Il n'est point nécessaire d'habiter depuis longtemps la Colonie, ni de posséder de rares qualités d'observateur, pour remarquer la fascination exercée sur l'Annamite par la perspective d'occuper une place dans l'Administration.

Doit-on supposer que celle-ci a, ici, des charmes secrets ? La réponse est délicate et pourtant il faut la donner. L'on peut entendre, chaque jour, dans nos prétoires, les échos de malversations administratives. Que faut-il en retirer ? Ceci : le fait est rare qu'un fonctionnaire annamite se retire pauvre et réduit aux seules ressources de sa modeste retraite, lorsqu'il a occupé de hautes situations, étant acquis qu'il débuta ne possédant rien.

C'est donc qu'il a tiré de l'exercice de son autorité officielle un bénéfice illégitime ?

Un bénéfice ? Certes et rien ne servirait de nier l'évidence.

Illégitime ? Ici est la question. Tout est relatif, en ces domaines comme ailleurs. Notre conception de l'intégrité exigible d'un fonctionnaire public est le point vers lequel notre éducation doit faire converger ses efforts, mais il convient de ne pas oublier que tous les peuples ont passé par un stade où la corruption se faisait ouvertement sur la place publique sans provoquer de scandale. Le procès fait à Verrès, et qui fournit à Cicéron l'occasion de son premier triomphe, fut une manœuvre politique beaucoup plus qu'une indignation vraie.

Quelles sont les pensées de ceux qui composent la multitude des fonctionnaires ? Je pense qu'ils comprennent leur intérêt et ne souhaitent pas de voir changer le régime car ils auraient tout à perdre en nous laissant.

En effet, ils sont peu aimés du peuple, non point pour leur malhonnêteté supposée, mais parceque tous les ennuis inhérents à la marche des services administratifs, sont inséparables des fonctionnaires par la force des choses ; les charges fiscales sont personnifiées par ceux qui les font apparemment peser.

Ils provoquent des jalousies chez les représentants d'une classe en formation actuellement, la bourgeoisie annamite. Ces grands propriétaires qui, sans jamais salir

leurs ongles de riches, président à la mise
en culture de centaines et milliers d'hectares, qui perçoivent d'immenses revenus
se chiffrant par millions, qui font construire des maisons somptueuses, ces grands
propriétaires qui ne sont pas et ne veulent
pas devenir fonctionnaires, souffrent malai-
sément la morgue des hauts dignitaires, des
simples secrétaires.

Ils ne peuvent pas sympathiser, sincèrement, avec les descendants des anciennes
familles mandarinales, parce que, hommes
nouveaux pour la plupart, ils sont considé-
rés comme des usurpateurs par les aristocrates de l'ancien régime, à qui naguère
leur naissance, sauf exception, attribuait les
grandes charges de l'Etat.

Enfin les fonctionnaires, encore que certains, moins intelligents espèrent le contraire, ne seraient certainement pas conser-
vés par un gouvernement né des intrigues
du parti de l'émancipation politique. Les
maîtres alors, se souviendraient qu'ils furent

petits devant les titulaires de hautes fonctions et ils s'empresseraient de changer le personnel pour lui substituer leurs créatures.

Voilà donc, décrite à grands traits, la raison, à multiples bases, pour quoi je considère la classe de fonctionnaires comme loyaliste.

*
* *

Je viens de signaler, incidemment, en quelques mots, la naissance d'une nouvelle classe, celle de la haute bourgeoisie annamite.

Elevée par sa fortune acquise grâce à la paix française, il est impossible qu'elle ne souhaite pas le maintien d'un ordre social basé sur la tranquillité et le travail à quoi elle doit tout.

Comme jadis les « chevaliers » romains, ces parvenus désirent un gouvernement fort et sont ennemis des aventures. Aussi puis-je croire que, en eux, l'on peut trouver un très ferme soutien de l'ordre établi.

J'ai réservé, pour la situer en bonne place en tête de l'édifice social annamite contemporain, la pléiade de jeunes gens ambitieux qui se considèrent comme les conducteurs de l'opinion publique, qui tentent de dériver la pensée populaire vers des objectifs politiques et définissent ceux-ci : émancipation.

Ils se défendent de toute idée malsaine et proclament leur attachement à la France.

Supposons-les sincères, par provision, et recherchons s'ils peuvent raisonnablement l'être.

J'incline à croire que la fatalité des choses les incite à souhaiter nous remplacer.

Faut-il leur en vouloir ? Certainement non. Ils sont des hommes; ils sont des Annamites; il est donc naturel qu'ils s'impatientent de voir d'autres qu'eux à la barre et qu'ils briguent le timon.

Mais leur ambition peut devenir discutable, exactement, quand on se pose la question de savoir si ces jeunes gens seraient capables d'être les artisans du bonheur de leurs compatriotes.

Il n'est pas impossible de traiter pareil sujet sans passion. Je m'efforce à le faire, pour ma part; toutes les fois que je le peux, je professe qu'à ne pas s'expliquer l'on est à peu près certainement incompris, et j'estime regrettable de traiter les tenants du «parti Jeune-Annam» de révolutionnaires anti-français, sans essayer d'harmoniser les ambitions de ces jeunes gens avec la notion d'une évolution normale de leur pays.

Ils ne manquent pas d'ailleurs d'une brutale franchise alors que l'on sait leur donner l'impression que le coup qu'ils méditent de vous porter ne vous ébranlera ni ne vous fâchera.

Elevant le débat, l'on arrive ainsi à voir les choses mieux parce que dans leur ensemble.

«Bannissons, disent-ils, toute préoccupation d'ordre sentimental et posons en dogme que nous acceptons momentanément la souveraineté française parce que notre intérêt réside, pour l'instant, dans son maintien.»

Vraiment! voilà qui porte la marque d'un cynisme violent et d'un sens accusé des réalités.

J'avais, dès longtemps, discerné ce point de vue et les articles que j'ai reproduits expriment la réaction d'un esprit latin qui se refuse à répudier le sentiment des domaines où il n'est pas paradoxal de l'admettre. Je vois aussi, parfois, les choses plus froidement car, en y réfléchissant, le cynisme qui consiste à dire «*vous serez tolérés tant que vous pourrez me servir à quelque chose*» n'est autre chose que l'expression de l'égoïsme général.

L'idée du Parti est donc bien de hâter le moment où ses tenants pourraient remplacer les Français comme détenteurs de la souveraineté.

C'est ce qui explique le désir, exaucé, de disposer d'organes de publicité et la

parution, depuis quelques années, de journaux annamites de langue française.

Pourquoi de langue française ? Parce que
les organes paraissant en annamite sont
soumis à la censure, et aussi par cette raison
que la clientèle recherchée par ces conducteurs d'opinion, se trouve dans des classes
sociales entendant le français et par les-
quelles l'on espère atteindre le campagnard.

*
* *

Le moment est arrivé pour moi d'exposer
la formation d'une catégorie sociale, celle
des mécontents et des déclassés.

C'est à celle-là qu'est adressée l'exhortation : « Faites de la politique » donnée par le
parti *Jeune-Annam* aux Annamites — exhortation à quoi j'ai répondu par l'article suivant :

Faut-il faire de la politique ?
Je ne me fais pas illusion ; ce titre n'a rien
de très élégant. La phrase, d'ailleurs, est de

celles qui traînent dans les colonnes des journaux, immuable dans ses mots. La seule chose qui importe, est de rechercher quel sens y est caché, et quelle réponse il convient d'y donner.

Notre confrère La Tribune Indigène, dans la rubrique « Une définition » (numéro du 7 juin 1923), engage les Annamites à s'occuper des choses de la politique et se place, pour donner ce conseil, sous l'égide de notre actuel Président du Conseil des Ministres de France, M. Raymond Poincaré.

Cet homme d'Etat est certainement la figure la plus marquante du moment et elle restera en relief sur le fond des temps. Toute pensée issue de sa haute et claire intelligence doit arrêter l'attention. Voici en quels termes elle est exprimée sur le sujet qui nous occupe : « La politique, c'est la science et la pratique de tout ce qui peut servir à rendre la vie nationale plus saine, plus intense et plus sûre ».

Admirable synthèse, que celle-là ! Mais cette définition emporte, avec sa beauté même, *le défaut, à mon avis, d'exprimer plutôt un souhait qu'une complète réalité.*

Si la politique consistait, exclusivement, en effet, dans l'effort fait par chacun, à sa place, pour connaître et réaliser le maximum de vie heureuse en faveur d'un peuple en particulier et des peuples en général, qui donc se poserait seulement la question : « Dois-je ou ne dois-je pas en faire ? »

Malheureusement il y a, incluses dans ce mot « politique », beaucoup d'autres choses qui sont précisément génératrices de l'indifférence des uns, du dégoût des autres.

Les Annamites, certains Annamites, — écrit notre confrère, timorés, ajoute-t-il même, — aiment à dire à tout propos :

« Oh ! moi je ne fais pas de politique ! »

Il ne faut pas croire que c'est par peur que beaucoup restent écartés dans les luttes, électorales ou autres, de la politique. Je me rappelle un temps, celui de mon adolescence, pas très lointain, où des éléments excellents de la nation française mettaient leur point d'honneur à s'abstenir de voter et de briguer les suffrages de leurs contemporains.

Un examen sérieux de cette époque révèlerait, a révélé puis-je écrire, que cette bouderie était l'attitude de ceux-là mêmes qui composaient un facteur important, puisque détenteurs des richesses, et à ce titre, intéressés à la bonne conduite des affaires publiques,

Il était, alors, admis que les gens sérieux avaient mieux à faire qu'à courir les réunions électorales, pérorer pour ne rien dire (parce que ceux disant des paroles calmes et sans passion n'étaient pas écoutés). Le résultat fut que les turbulents, minorité n'ayant rien à perdre au désordre, gagnèrent toutes les places et créèrent un état d'esprit regrettable, jusqu'au jour où une réaction se produisit.

Quelle moralité doit-on tirer de cela ?

Ceci, peut-être, qu'il y a danger à inciter aux préoccupations de la politique ceux qui n'ont pas une fois pris la détermination de repousser toute agitation stérile.

Cette volonté est rare parce qu'elle doit

lutter contre le plaisir indéniable de paraître, de briller dans les assemblées d'électeurs, de candidats, d'élus, et que le succès, souvent, ne s'obtient qu'avec beaucoup de bruits, des promesses inconsidérées, je veux dire inconscientes, ou de caractère chimérique.

Triompher ainsi, arriver aux honneurs, occuper les grandes charges, ne saurait être obtenu qu'au prix de nombreuses capitulations et, pour ma part, je crois que tout cela n'entre pas dans la formule de M. Raymond Poincaré.

Dans cette limite, je crois donc sincèrement qu'il n'est pas bon que l'on fasse de la politique et que les travailleurs feront mieux, pour eux et pour tous, de rester à leur labeur fécond.

Mais la réponse que l'on peut faire est facile et victorieuse.

Si les éléments sérieux de la nation se désintéressent de la marche générale des affaires, les turbulents et les inutiles se porteront en avant et prendront la direction.

Donc, vous tous qui estimez qu'il y a mieux à faire qu'à laisser brailler des ambitieux, ne leur laissez pas le champ libre, examinez la route où ils veulent vous engager, et si des fondrières s'y présument, arrêtez la marche et changez de voie car, en cas de chute, c'est vous seuls qui souffririez.

Donc, faites de la politique, dirais-je aux honnêtes gens, mais j'ajoute, parce que c'est un devoir : surtout, ne prenez pas à la lettre la définition de M. Poincaré qui n'est que la façade trompeuse d'un intérieur pas toujours propre, pas souvent peut-on même appuyer.

Il faut que vous sachiez cela, parce qu'au premier pas, après avoir franchi le seuil, vous auriez la nausée peut-être et vous tomberiez hors de combat.

Ayant ainsi engagé les gens d'ordre à entrer dans l'arène, avec la pensée qu'ils empêcheraient les autres d'y rester maîtres, je dois dire qui sont les « autres ».

Il y a d'abord la foule toujours houleuse des mécontents, ceux qui n'ont pas, étant en place, changé assez souvent à leur gré pour monter au palier supérieur; ceux qui ne sont pas parvenus à forcer la grande porte qui devait leur donner accès aux charges d'honneur ; ceux-ci, ceux-là, et encore de nombreux.

Puis viennent les déclassés, tous jeunes.

La diffusion de l'enseignement qui, à tout prendre, est une bonne chose, a pour première conséquence ceci : les enfants qui ont passé par l'école sont perdus souvent pour l'agriculture. Tel qui, naguère, continuait, après son père, à cultiver les champs, ne veut plus, pourvu qu'il est d'un diplôme, empoigner la charrue et voilà un candidat de plus aux fonctions administratives. Mais celles-ci sont, malgré leur grand nombre, limitées et notre jeune homme, resté oisif, devient clerc d'avocat (ce qui est honorable), ou bien agent d'affaires (ce qui peut pousser parfois à l'être moins), ou bien aventurier (ce qui ne l'est plus du tout).

Ils sont nombreux ainsi et tout disposés à suivre qui leur fera entrevoir des projets consécutifs à un bouleversement de l'ordre établi où ils n'ont pu trouver de place.

Ceux-là sont les viateurs désignés de toute incitation.

Et, maintenant, je suis amené à formuler quelle devrait être une des préoccupations de la nation impériale.

Ces jeunes gens, abandonnés à toutes les vicissitudes au sortir de l'école, devraient être suivis avec soin et l'on devrait capter leurs esprits pour les diriger vers de plus hautes spéculations.

Il pourrait être créé des universités où la pensée française leur serait inculquée non plus par l'étude de manuels froids et superficiels, mais par la parole, dans des conférences régulières.

Prenant son envol, haut et droit, l'esprit serait perdu pour les vagabondages bas et pernicieux.

J'ai indiqué naguère ma pensée dans les lignes que vous allez lire sous le titre « Pensée française » :

Chateaubriand, dans ses Mémoires d'outre-tombe, *a écrit cette phrase : « Il ne serait pas étonnant qu'un peuple âgé de quatorze siècles, qui a terminé sa longue carrière par une explosion de miracles, fût arrivé à son terme ».*

Lignes troublantes en vérité et qui tracent l'histoire même des nations.

Elles expriment le doute qui hantait le grand écrivain sur les destinées futures de la France.

Comprenant que sa Patrie, après 1815, n'occupait plus, parmi les Puissances, qu'un rang inférieur à celui où elle s'était jusqu'alors tenue ; atteint lui-même par la torpeur, spécifique de son époque, et qui se manifestait par la monomanie du suicide, Chateaubriand eut la faiblesse d'accepter la déchéance et se résigna. Il excusa cette complaisance, pour un destin momentanément contraire à son pays, en la formulant dans un aperçu en raccourci sur la vie des peuples et écrivit les lignes citées.

A quoi se ramène son jugement ? Si Chateaubriand, qui écrivait en prose mais pensait en poète, eût connu les « montagnes russes », j'imagine qu'il eut pu leur comparer l'évolution des nations. Les groupements ethniques ou hétérogènes par quoi les hommes rassemblent leurs sympathies, leur race, ou leur intérêt, partent, pour fournir leur course, d'une attraction invincible qui est l'appel du sang, ou bien d'un sentiment, ou bien d'appétits communs, mais, quelle que soit l'essence de cette attirance, l'on peut dire qu'elle se traduit par de simples aspirations ; puis, peu à peu, par la force victorieuse de l'élan vers l'objet plus ou moins nettement *aperçu de son idéal ou de ses convoitises, la nation, nouvellement éclose, s'épanouit et s'élève, soulevée par une puissance ascentionnelle que rien n'arrête, — tel le chariot des « montagnes russes » gravit les pentes emportant ses passagers dans le vertige ; puis chariot et peuple, parvenus jusqu'au faîte, aspirent à descendre. Aspirent ? Mot cruel qu'il faut entendre dans son sens latin ; ce n'est pas un souhait, c'est une obligation fatale et la phrase de l'écrivain est vraie.*

Après la grandeur, la décadence. Abîmé dans la désespérance qui a terrassé les plus faibles d'entre ses contemporains, — dans un temps où le fin du fin consistait à être ou passer pour être poitrinaire, — l'auteur des Mémoires d'outre-tombe semble avoir cru le rôle de la France à peu près terminé.

Il y a un siècle que sa sentence fut prononcée et il apparaît qu'il s'est trompé et de rude manière.

Est-ce à dire que la « belle et douce France » est impérissable ? Il serait vain de le prétendre et puéril d'y croire, mais encore serait-il bon de fixer le sens des mots.

Il peut, il doit, il est nécessaire, obligatoire, que la nation française, subissant le sort de tout organisme, après avoir amplement déployé sa vitalité, périclite à un moment, doucement ou de façon précipitée, décline et meurt, pour renaître d'ailleurs ensuite, puis pour mourir encore et reprendre vie...

Le terme est certain dans son existence; la mort viendra pour tout; mais là où Chateaubriand a manqué de foi et où aucun Français ne doit défaillir, c'est quand il s'agit de déterminer ce terme dans le temps et aussi de définir la mort de cette nation qui s'appelle la France.

Lui la crut morte; il y a de cela cent ans, et rien, dans ses mots, n'autorise à croire qu'il circonscrivit les effets de cette mort.

Or, la France n'a jamais été si vivante, et aperçût-on sa fin qu'il y faudrait de fortes lunettes, et que jamais cette fin ne serait définitive.

On peut même affirmer que la France est immortelle, dans la mesure où il y aura encore des êtres pour se rendre compte de son existence.

Cela tient à ceci : les groupements ont, dès le principe de leur cohésion, fixé eux-mêmes, spontanément ou pas, leur plus ou moins de longévité.

Ceux qui ont pour cellule initiale le seul intérêt matériel, doivent, infailliblement, après une période de vigueur, violente comme leurs appétits impitoyables, arriver assez vite, quand la satiété sera venue, à la congestion, à l'attaque, à la mort ; et la désagrégation est alors rapide parce que le ciment, si je puis dire, qui les retenait assemblés, était d'un grain trop gros et sans force réelle d'union. C'est ainsi que tout ce qui était matériel dans les antiques empires grec et romain a disparu pour ne revivre que d'un souffle sans ampleur ni puissance ; l'Italie et la Grèce d'aujourd'hui n'étant que des souvenirs pitoyables d'autrefois, sauf renaissance.

Quand, au contraire, le vœu qui a attiré et le lien qui a retenu les éléments d'une nation sont d'essence spirituelle, alors ils sont impérissables. Le lien et le vœu français sont, par cela, hors de l'oubli dans le temps — et j'ajoute dans l'espace — et l'on peut faire à Chateaubriand le reproche, impardonnable à un artisan comme lui de cette éternité, de ne l'avoir ni senti ni proclamé.

L'heure présente montre avec une force invincible, à tous, optimistes impénitents, sceptiques de mauvaise foi, indifférents coupables, que la France, dans le moment même où l'on crie qu'elle a été frustrée de sa Victoire, impose l'irradiation de ses idées et de sa foi.

Au milieu de la tempête qui menace l'ordre, la mesure, chez des peuples apparemment prospères, elle seule a gardé son équilibre et sa raison.

Sa vision n'a pas été ternie par les brumes où se sont perdus, corps et biens, d'autres que l'on pensait plus robustes; elle l'a conservée *claire, et, par ainsi, le respect qui est dû aux justes aspirations a été sauvegardé. Pilote, elle a tenu la barre, et il est beau de la voir indiquer la route à ceux qu'aveuglent des mirages où ils ne veulent voir que des reflets couleur d'argent.*

Symbole de sa merveilleuse lucidité et de la reconnaissance qu'on en a, l'affirmation d'un Mustapha Kémal « qu'il acceptera ce que la France voudra parce que c'est d'Elle » est un cachet d'immortalité.

Il se peut qu'un jour, lointain, très lointain certainement, la Nation française ne soit plus, suivant la loi de la vie, qu'un beau souvenir, pour redevenir d'ailleurs, bientôt après, une réalité ; ce qui, reliant les dépressions aux sommets, ne déclinera pas et restera toujours d'une éclatante vitalité et d'un universel rayonnement, c'est la Pensée française.

*
* *

A lire et à méditer les écrits que publient les feuilles rédigées ou inspirées par ce que l'on a accoutumé de nommer « les indigènes » l'on peut facilement se convaincre que l'œuvre française, coloniale, n'est pas toujours comprise.

La conséquence immédiate de cette inintelligence, ou de cette compréhension incomplète, se traduit en des critiques.

Doit-on voir, dans les reproches ou les déceptions formulées, un esprit mauvais ? Toujours non, quelquefois oui, mais quelle que soit l'âme qui anime ces mouvements d'opinion, ceux-ci restent funestes.

Encore ce résultat pourrait-il être heureusement transformé, si les Français en tiraient un enseignement et le désir de faire cesser les malentendus, entre indigènes et eux, par la claire proclamation de leur volonté.

Il faut savoir ce que l'on poursuit en colonisant, mais cela ne saurait suffire, il importe de le dire nettement.

Voici ce qui, il n'y a pas très longtemps, paraissait dans un journal de langue française mais pensé et écrit par des Annamites, ceux-là même qui, d'office, ont décrété qu'ils conduisaient leurs compatriotes vers... vers? ils ne le disent pas, mais vers quelque chose qui ne sera pas ce qui est maintenant :

« Le droit qu'on a est celui qu'on prend « et les libertés dont on jouit sont celles « qu'on a gagnées...

« Nous n'avons cessé de le dire et de répéter « à nos compatriotes annamites qu'il ne « fallait pas attendre que la France nous « offrit nos franchises politiques sur un « plateau d'argent. Les miracles ne se pro- « duisent plus au siècle des Bertha et des « avions, des sous-marins et de la télégraphie « sans fil.

« Or, il y a deux façons de conquérir la « liberté : par le canon ou par la culture.

« *La conquête de la liberté par le canon,*
« *tous les peuples l'ont connue, et les Anna-*
« *mites ne l'ont pas ignorée. Nos luttes avec*
« *la Chine sont relatées dans nos annales ;*
« *les lettrés les connaissent bien. D'ailleurs,*
« *les Egyptiens viennent de nous apprendre*
« *comment un petit peuple reprend son*
« *indépendance, même lorsque le conquérant*
« *est Anglais. Les Philippins ont jeté hors*
« *de chez eux les Espagnols pour gagner une*
« *liberté relative ; les Indes anglaises versent*
« *chaque jour du sang pour conquérir,*
« *miette à miette, des franchises politiques.*
« *Nous savons aussi que les Irlandais ont*
« *souffert le martyre pour atteindre au rang*
« *de Dominion anglais ; que les Polonais, les*
« *Serbes, les Grecs, les Bulgares ont com-*
« *battu plusieurs siècles durant, sont morts*
« *par centaines de mille, pour se soustraire*
« *enfin au joug étranger. La liberté n'a*
« *jamais été offerte à un peuple sur un*
« *plateau d'argent ! Si nos compatriotes qui*
« *n'ont pas appris l'histoire universelle ne le*

« savent pas avec précision, ils le devinent
« tout au moins, au contact des réalités de
« la vie indochinoise. Des Annamites lettrés,
« qui sont morts au bagne ou en exil, l'ont
« souvent dit à leurs concitoyens ; mais ils
« avaient une conception particulière de la
« suzeraineté française en Indochine dont
« nous avons la prétention de mieux con-
« naître les directives, en nous basant moins
« sur les paroles gouvernementales ou les
« actes administratifs que sur les tendances
« mêmes du peuple français, sur son idéalis-
« me et son histoire. Imprégnés de la culture
« occidentale, contrairement à nos compa-
« triotes exclusivement cantonnés dans l'an-
« cienne culture chinoise, nous croyons mieux
« apercevoir le bon et le mauvais côté de la
« protection française dont nous voudrions
« que nos frères de race retirent le meilleur
« parti par des efforts lents et soutenus qui
« doivent aboutir à une amélioration person-
« nelle, qu'on pourrait appeler interne. La
« conséquence de cette amélioration sera que

« les générations annamites iront en pro-
« gressant, et que leur condition sociale s'en
« trouvera naturellement et en même temps
« relevée, indépendamment du bon vouloir
« du conquérant. L'exemple en est fourni
« par ceux d'entre-nous qui, par suite d'efforts
« persévérants, sont parvenus à acquérir des
« droits dont la presque totalité des Anna-
« mites sont encore privés. Avons-nous
« raison de compter sur cette évolution lente
« de notre race, sous la protection française ?
« Nos concitoyens feraient-ils mieux de
« décider une action plus brusquée ? Toutes
« les opinions sont permises. Il peut arriver
« que l'histoire de l'Indochine nous réserve
« des surprises que la sagesse humaine est
« impuissante à prévoir. Lorsqu'on considère
« les évènements qui ont si profondément
« bouleversé l'ordre des choses en Europe et
« dans le Monde, à la suite de l'assassinat
« d'un archiduc autrichien en Serbie, on a
« le droit de se demander à quelle part
« peut prétendre la sagesse humaine dans

« l'enchaînement des choses de la vie des
« peuples. Les efforts individuels, paisibles et
« lents, que chacun de nous fait pour parvenir
« à un degré supérieur dans la hiérarchie
« sociale indochinoise, pourraient être com-
« parés à ces ruisselets minces et clairs qui
« coulent à travers les rochers en descendant
« des hautes montagnes. Le cultivateur ingé-
« nieux les canalise, les capte à son profit,
« pour obtenir des moissons abondantes. Ils
« sont capables de produire de la richesse,
« d'apporter la prospérité ; barrés brutale-
« ment ils peuvent aussi occasionner des
« inondations terribles, brisant digues et
« routes, noyant bêtes et hommes. La cons-
« cience de la continuité de notre race,
« nombreuse et prolifique, dont les qualités
« morales et intellectuelles sont comparables
« à celles des peuples les plus civilisés du
« globe, donne une certaine sérénité à notre
« labeur quotidien. L'avenir appartient, en
« dépit de tout et de tous, aux races qui
« vivent et se multiplient, aptes à progresser

« *lentement, mais capables aussi de grands*
« *remous qui ne peuvent être que des acci-*
« *dents. Telle est la raison de notre confiance*
« *dans l'évolution de notre race. Nos libertés,*
« *nous les conquérons, lentement, tant que*
« *cela reste possible par la légalité. Mais nul*
« *ne saurait prétendre imposer une marche*
« *définitive aux évènements susceptibles de*
« *modifier la face des choses sur la terre.*

« *Nous ne mendions pas des libertés, mais*
« *voulons les conquérir à notre façon, c'est-*
« *à-dire par une action lente et continue, à*
« *moins que d'autres manières n'apparaissent*
« *préférables.*

« *Un moment viendra peut-être d'en exami-*
« *ner l'opportunité.*

« *La Tribune Indigène. 26 juin 1923.* »

Il apparaît bien dans ces lignes que l'on
y proclame la faillite de l'œuvre française
et la nécessité de s'y substituer, FUT-CE

PAR LA VIOLENCE — LE MOMENT SEUL ÉTANT
A CHOISIR.

Ne peut-on pas émettre cette opinion qu'une
telle affirmation doit avoir sur les masses
une incidence fâcheuse ?

Les lecteurs annamites en discuteront
certes et il se trouvera parmi eux, des
défenseurs de notre politique, mais, qui
d'entre-eux pourra la définir ?

Et ce « flou » permettra des interpréta-
tions desquelles on ne peut assurer que
quelques-unes ne seront pas péjoratives.

Au nombre des gens instruits, d'aucuns
pourront rappeler que coloniser signifia
longtemps piller ; des souvenirs sur l'histoire
romaine préciseront que, pendant sept cents
ans, il fut officiellement admis que les provinces conquises étaient terrains de chasse
réservés aux vainqueurs s'y rendant après
la conquête pour s'enrichir ou redorer leurs
finances obérées, et que Cicéron fit scandale
lorsqu'il écrivait, de Cilicie où il était pro-
consul, qu'il fallait gouverner les provinces

on pas dans l'intérêt exclusif du peuple
main mais également dans leur intérêt à
es afin qu'elles en eûssent plus de bonheur
tériel et moral.

isez les discours de nos hommes poli-
ti es, me répondra-t-on, les assurances
le plus solides s'y trouvent magnifiquement
p clamées sur le caractère de notre mis-
si colonisatrice.

la est vrai et, pourtant, chaque jour j'en-
ten s dire autour de moi, par des indigènes
de ui j'ai la confiance et qui me parlent à
cœ · ouvert, des paroles que je traduirai à
peu près ainsi : Pourquoi tous ces mots qui
no laissent incertains ; pourquoi laisser,
embrumée, cette zone qui sépare le profit
matériel que vous êtes venus chercher chez
nous et ce donquichottisme qui vous entraîne, malgré vous, vers des fins spirituelles
et généreuses ?

N'est-ce pas symptomatique et cela n'in-
cline-t-il pas à des précisions ?

Je sais bien que ce peut être quelquefois de bonne tactique de laisser, enrobés de pénombre, certains points, afin de pouvoi les déplacer sans qu'il y paraisse trop, autrment dit de réserver un champ assez larg aux manœuvres de l'opportunisme.

Mais je pense aussi que la France n'a rin à espérer de cette incertitude voulue parc que la souplesse réservée à de possibls volte-face n'est pas en harmonie avec on génie fait de franchise et de clarté.

Le parti une fois pris de déchirer le rideau, il reste à poser préalablement les décors de ce qu'on va montrer; il importe de les fixer avec soin puisqu'ils seront définitifs.

Il faut donc savoir ce que, colonisateurs, nous voulons faire et l'exprimer.

L'exprimer? Cela appartient à ceux ayant qualité pour parler et écrire au nom du Peuple français.

Exprimer quoi? La vérité fondamentale sur quoi doit s'appuyer une politique certaine est *qu'il ne faut jamais demander ou promettre que ce qui est possible.*

Il serait vain, par conséquent, de prétendre faire admettre par les indigènes, sans hypocrisie de leur part dans un pareil aveu, que la France est venue s'établir dans leur pays pour la *seule* satisfaction de leur procurer un sort matériel et moral supérieur.

A peine le croiraient-ils de missionnaires religieux et encore n'oublieraient-ils pas alors l'ambition d'augmenter simplement le nombre de prosélytes, à supposer que leur scepticisme s'arrêtât là.

Quant à ajouter foi à une pareille croisade désintéressée de la part de nations conquérantes, jamais il n'y faut songer.

Pourquoi donc, dès lors, ne pas enseigner ce qui est la vérité, j'entends que, manquant de choses inexistantes ou insuffisantes chez eux, des peuples, au nombre desquels nous sommes, ont considéré comme légitime d'aller les chercher et les prendre là où elles se trouvaient, *inutilisées ?*

Que gagnerait-on à cette franchise ? Au moins ceci que seront rendues désormais inoffensives toutes les accusations, le plus souvent occultes et partant dangereuses, et exprimant précisément ce fait que nous prenons, pour les emporter chez nous, les richesses que nous ne possédons pas.

L'avocat qui sait prévoir l'argument de l'adversaire et qui le fait valoir avant lui et le rétorque, l'annihile par là même, et ne le craint plus. Ainsi en va-t-il en bonne politique. Mais encore faut-il le rétorquer, cet argument, dira-t-on. Evidemment, mais quoi de plus simple en l'espèce ?

Contre franchise donnée, l'on a droit d'exiger, en retour, de la bonne foi.

Or la terre étant une, il n'est pas admissible que les détenteurs de richesses naturelles se bornent à les ignorer ou, les connaissant, à les laisser inertes et inutilisées tandis que d'autres en ont besoin.

Donc c'est un droit pour ceux, industrieux et courageux qui veulent les exploiter, d'aller les chercher où elles sont; c'est un devoir pour ceux qui les possèdent de les mettre en circulation.

Tout cela devrait se faire pacifiquement et le principe de la liberté du commerce est la solution de cette importante question. Mais lorsqu'une opposition systématique et, le cas échéant, sanglante, viole ce principe, ceux qui sont les victimes de cette opposition ont incontestablement le droit de l'abattre.

C'est l'histoire ordinaire des colonisations et plus spécialement celle de notre installation en Cochinchine.

Avoir légitimé la conquête, c'est en même temps l'avoir limitée et, ici, soyons nets : le jour où la raison, qui a substitué un peuple à un autre pour la réalisation de fins données, disparaît, c'est-à-dire le jour où le peuple subjugué est devenu apte à tenir dans le monde la place qui doit être la sienne et à quoi il fut trouvé à un certain moment inapte, ce jour-là la conquête doit cesser.

Déjà l'on peut conclure que, cela étant supposé réalisé, l'on différencie dans l'Histoire, un peuple colonisateur d'un autre, par le *souvenir spirituel* qu'il laisse là où il a passé en conquérant, et d'où il s'est retiré, sa mission d'ordre matériel terminée.

Et c'est dans cette mémoire que la France trouve son triomphe ; l'article « Pensée française » exprime toute ma pensée sur ce point.

CHAPITRE V

Un des signes certains de la force d'un gouvernement, est la liberté qu'il accorde d'écrire, j'entends de laisser publier ce qui est écrit.

Ce sera la marque, entre autres, de la politique de M. le Gouverneur Général Albert SARRAUT en Indochine, que la naissance de la presse dite indigène de langue française.

Le propre de toute liberté accordée aux hommes est la tendance qu'ils ont à en abuser et, personnellement, après une absence de deux années de Cochinchine, l'une de mes surprises, au retour, fut la lecture de certains journaux locaux de pensée et de rédaction annamites.

Non, certes, que je souhaite une restriction quelconque dans la licence accordée à ces derniers de dire et écrire ce qu'ils pensent ; mais n'est-il pas symptomatique de constater la vertigineuse rapidité avec laquelle les journalistes indigènes naturalisés ont passé de l'article de pure information ou traitant de questions économiques à la polémique d'ordre politique.

Je ne crois pas qu'il soit désirable de refréner l'allure prise, mais il peut être intéressant de la noter, ne fut-ce que pour apporter une contribution à l'histoire contemporaine de l'évolution de ce pays.

C'est pourquoi j'ai tracé les lignes que voici:

Vent du large.
Il ne saurait être de bonne amitié sans une grande franchise. Qu'il me soit donc

permis, par nos confrères de la presse dite indigène de qui, puisqu'ils sont annamites, nous ne pouvons être, à ce titre, que les amis, d'esquisser, d'un crayon léger, forcément et volontairement imprécis, mes impressions de nouvel arrivant. (Fin 1921)

Au temps où la prison scolaire comprimait notre jeunesse, lorsque juillet était venu, lorsque les dernières paroles du discours de distribution des prix étaient tombées, amorties par les cris de joie des écoliers et les baisers aux parents retrouvés, tous, enfants à qui on redonnait des ailes, nous désirions nous en-voler; avidement, notre imgination s'empa-rait de l'espace; la griserie du mouvement nous prenait. Adolescents fougueux, les pre-mières caresses familiales savourées, nous trouvions l'horizon vite borné, horizon non pas certes de sentiments mais d'imprévus, où nous confinait la résidence paternelle. Le désir de voyager nous rendait inventifs et nos cajoleries se faisaient prenantes, pour décider une mère craintive; le plus souvent, la « décision » était obtenue par le grand'père qui, tout près d'un siècle d'expérience errant, en sourire, sur les lèvres, prononçait la grande phrase qui emportait le « oui » tant convoité : « Laissez-le donc aller, les voyages forment la jeunesse ! »

Jamais, peut-être, n'avais-je aperçu la vérité profonde incluse en ces paroles, autant que pendant les quelques jours qui marquent mon retour dans ce pays aimé.

Deux années de voyages et de loisirs, occupés de curiosités souvent satisfaites, ont fait ma conviction que, pour parvenir à une compréhension relativement complète des êtres et des choses, il est indispensable de beaucoup comparer.

La vision en devient, sinon plus aiguë, du moins plus large. A passer, ainsi, même avec le parti pris de rester simplement touriste et dilettante, au milieu de contrées dissemblables ; à vibrer, même en s'en défendant, aux pulsations de foules de races et d'âmes multiples, la sensibilité s'aiguise, le sens

critique s'apure. Dès lors, un instinct nouveau
et sûr ramène à leur juste mesure, met à
l'échelle, les hommes et les choses qu'on avait
accoutumé de ne voir que disproportionnés,
n'ayant vu qu'eux trop longtemps et trop
exclusivement.

Parmi bien d'autres étonnements, j'avais,
voilà deux ans passés, celui de noter l'in-
croyable rapidité d'évolution de la presse
qualifiée, un peu tendancieusement, presse
indigène. Cet étonnement-là n'est plus. Je
pense, sincèrement, qu'en demeurant stupéfait,
alors, je méconnaissais une loi générale, qui
se vérifie en tous temps et par tous pays.

J'ai l'impression, et, après si peu de jours,
ce ne saurait être rien autre de plus défini,
que, dans l'atmosphère de certaines salles de
rédaction, se lève comme un brouillard léger
mais gênant, qui dissimulerait cette évidence
que Français et Annamites ont des intérêts
qui ne peuvent être divergents.

Il n'est peut-être pas inutile de constater
que, si cette brume continue de flotter, c'est

parce qu'un grand vent du large n'y souffle pas, et que ce vent-là, pour en sentir la bienfaisante bien que brutale caresse, il lui faut ménager, large, un courant d'air, et l'y laisser souffler.

Notre époque n'est qu'un temps dans les siècles ; le pays d'Annam n'est qu'un point dans l'espace. Ceux qui ont entrepris, et la tâche est très belle, de guider leurs contemporains, ont, pour premier devoir, de considérer les évènements qu'ils se mêlent de juger, non pas seulement dans leur subjectivité locale, mais en les éclairant par l'étude de tous les peuples, dans leur histoire passée et dans leur vie présente. Cette vie, elle ne leur sera connue que s'ils vont la scruter, partout où elle est.

Je ne résiste pas au plaisir de synthétiser ma pensée, par la citation de ces quelques lignes du remarquable philosophe contemporain, M. le docteur Gustave le Bon : « Les hommes « seraient d'accord sur tous les sujets, si ces « sujets n'avaient qu'une face, mais comme ils « en ont beaucoup et que chacun n'est

« *impressionné que par les côtés en rapport*
« *avec son tempérament, sa race et son éduca-*
« *tion, l'accord devient impossible.* »

*Si ! L'accord est possible. Il ne serait, pour
y atteindre, que d'envisager toujours, tout,
sous le plus grand nombre d'aspects possible.
A regarder en myope, chacun ne voit qu'une
proposition du problème. C'est à ceux-là
qui, d'autorité, ont pris la place en tête, à se
donner du champ et du recul, et, la perspective s'élargissant, les éléments prendraient
leur valeur, laquelle n'est pas absolue mais
relative.*

*Grandes sont les responsabilités de ceux
qui disposent de cette formidable puissance
qu'est la Presse ! Aussi, les évènements ne
doivent-ils y être jugés qu'après qu'ayant
écarté la préoccupation d'intérêts immédiats,
on aura projeté sa vision loin dans le passé,
large dans le présent, loin aussi dans l'avenir.*

*Il se pourrait, alors, que telle disposition
législative, telle décision administrative, qui,
considérées étroitement, paraissent, à certains,*

regrettables, étudiées avec un peu d'imagination, fondues dans un ensemble qui portera dans l'Histoire un nom que j'ignore mais qui voudra dire l'œuvre commune franco-annamite, elles apparaissent saines, de bon aloi et de haute prévoyance.

CHAPITRE VI

Chaque pays a des caractéristiques qui indiquent, à ceux qui en conduisent les destinées, l'effort majeur à fournir.

Les privilégiés, que les hasards du tourisme, les nécessités de la vie ou telles autres circonstances ont amené à vivre en Basse-Cochinchine, ne peuvent pas, aussi peu observateurs les suppose-t-on, n'avoir pas été frappés par ce fait impressionnant que *la terre y est tout.*

Cette immense plaine de limon, alluvion déposée par le grand fleuve Mékong, étale ses platitudes à perte de vue sur des millions d'hectares sans que la glaise qui en constitue le fond soit mélangée d'aucun rocher, d'aucun minerai ; et l'on comprend qu'avant toutes choses, le souci des dirigeants doit être de procurer, aux laborieux artisans qui cultivent cette plaine, le moyen de soulager leurs efforts et, pour un travail donné, de retirer le maximum de rendement.

Ce souci, les chefs français qui ont déjà passé ici, l'ont eu ; est-ce à dire que leurs initiatives aient toujours été heureuses ? C'est ce que je n'oserais pas affirmer et la critique étant aisée et bien d'autres que moi se chargeant de la faire de façon quelquefois malveillante, je me garderais également de prétendre que les travaux entrepris et exécutés furent funestes. Cependant je me permets de formuler un grief général et j'indique qu'aucun plan d'ensemble n'a été dressé dès le principe.

Le résultat est que beaucoup de peines furent perdues.

A ne prendre, comme exemple, que les canaux, n'est-il pas possible de signaler qu'ils furent creusés un peu au hasard, sans qu'un esprit critique unifiât la conception de leur tracé et de leur orientation.

Sans avoir fait d'études techniques, les colons, se fiant au bon sens et à leur expérience, affirment que les canalisations artificielles devraient être creusées suivant une ligne générale nord-sud autrement dit dans le sens même de la pente des eaux.

Or, il existe des canaux orientés un peu dans toutes les directions, et ceux qui ne répondent pas aux indications données par la nature, s'envasent parce que le courant, n'y passant pas suivant un axe normal, ne les nettoie pas.

C'est ici le lieu de rendre hommage à notre actuel Gouverneur de la Cochinchine qui vient de lancer une circulaire dénotant de sa part l'exacte intelligence des nécessités d'ordre hydrographique.

La voici :

« *Le Gouverneur de 1re classe des Colonies,*
« *Gouverneur de la Cochinchine, à Messieurs*
« *les Administrateurs, Chefs de province et*
« *de circonscription.*

« *Dans le discours que j'ai prononcé le 15*
« *Novembre 1922, à l'ouverture de la session*
« *ordinaire du Conseil colonial, j'ai réservé*
« *une place importante à la question de la*
« *culture du riz en Cochinchine, montrant*
« *ainsi l'intérêt capital que j'attache au pro-*
« *blème de la standardisation, de l'expor-*
« *tation et, cela va sans dire, à celui de*
« *l'extension de la production.*

« *Or, le développement des superficies*
« *cultivées est intimement lié à la solution*
« *d'une question dont je me suis particu-*
« *lièrement préoccupé : celle du creusement*
« *des canaux de petite section.*

« *Par suite de la pénurie de la main-*
« *d'œuvre agricole, de l'élévation anormale*
« *du coût de cette main-d'œuvre, les Adminis-*
« *trations provinciales et les grands proprié-*
« *taires fonciers hésitent, en effet, à établir*
« *à main d'homme des canaux de culture*
« *destinés à faciliter la mise en valeur des*
« *terrains dont l'éloignement des voies d'eau,*
« *artificielles ou naturelles, rend l'accès diffi-*
« *cile et où la culture est aléatoire suivant les*
« *circonstances, soit manque d'écoulement des*
« *eaux en excès, soit par manque d'eau, faute*
« *de moyens permettant l'irrigation.*

« *Il est possible de remédier à cette situa-*
« *tion en employant le creusement mécanique*
« *au moyen de petites dragues dont j'ai*
« *prévu l'acquisition en inscrivant au budget*
« *local de 1923 un crédit de 100.000 piastres.*

« *Entre les grandes voies et canaux de*
« *navigation, distant en moyenne de 10 à 20*
« *kilomètres les uns des autres, entres les*
« *canaux secondaires, longtemps tracés dans*
« *les provinces un peu au hasard, mais qui*

« pourront, dans l'organisation rationnelle
« des régions neuves, se trouver distants de
« 4 à 10 kilomètres, il y a place pour un réseau
« tertiaire, véritable réseau de canaux de
« culture ou d'exploitation agricole.

« Tandis que les grands canaux ont des
« sections supérieures à 60^{mq}, — et tandis que
« les canaux secondaires, en considération des
« besoins de la navigation, et du fait des
« engins qui les creusent, ont des sections
« au moins égales à 30^{mq}, — les canaux
« tertiaires devront avoir en général une
« section de 8 à 15^{mq}.

« Les canaux tertiaires ont paru, dans
« certaines régions, indispensables à l'organi-
« sation complète du pays. Leur utilité est
« indiscutable. Tantôt et plus spécialement
« ils faciliteront le transport des récoltes,
« tantôt ils permettront la circulation des eaux,
« l'irrigation et surtout le drainage des terres.
« Souvent, un bénéfice appréciable sera tiré
« de la pêche. D'une façon générale les rem-
« blais déposés sur les rives donneront des

« *plateformes surélevées pour les maisons et*
« *des voies pour les charrettes et contribue-*
« *ront aussi à la dissémination de la popula-*
« *tion ainsi qu'à son établissement à proximité*
« *des terres cultivées.*

« *Les dimensions les plus fréquentes pour-*
« *ront varier de 5 m. de largeur moyenne*
« *et 1ᵐ 60 de profondeur pour les canaux*
« *distants de 1000 à 1500 les uns des autres,*
« *longs de 2 à 3 kilomètres en région de faible*
« *marnage, — et de 5 m. de largeur moyenne*
« *et 2ᵐ 50 de profondeur dans les mêmes*
« *conditions que ci-dessus, en cas de marnage*
« *atteignant 1 m. et 1 m. 50, — jusqu'à 7 m. 50*
« *de largeur moyenne, avec les profondeurs*
« *variables de 2 m. à 2 m. 50 pour les canaux*
« *plus importants, desservant de grandes*
« *concessions.*

« *Pour creuser des canaux de moins de 5 m.*
« *de largeur, dans les terres molles de Cochin-*
« *chine, aucun engin mécanique ne pouvant*
« *pour le moment être adapté à ce genre de*
« *travail, la main de l'homme continuera à*

« *être employée jusqu'à ce que les recher-*
« *ches qui sont poursuivies aboutissent à un*
« *modèle réalisable.*

« *Pour les canaux tertiaires, le Service*
« *technique a pu établir les plans d'un appareil*
« *convenable pour la construction duquel des*
« *offres intéressantes ont été reçues. L'établis-*
« *sement de ce réseau pourra donc être com-*
« *mencé l'année prochaine.*

« *Il importe par suite de connaître dès*
« *maintenant le genre et le nombre de canaux*
« *de petite section à creuser.*

« *J'ai en conséquence l'honneur de vous*
« *prier de vouloir bien m'adresser, avant le*
« *25 juin, l'état des canaux de petite section*
« *à prévoir dans votre province. Vous indi-*
« *querez leur tracé général, leur longueur,*
« *leur section optimum, le budget qui suppor-*
« *tera la dépense, les sommes qui pourront*
« *être affectées à chaque travail en 1924, en*
« *1925 et en 1926. Vous aurez également à*
« *justifier l'économie du projet que vous*
« *concevrez.*

« *Ces travaux pourront être répartis en*
« *trois catégories :*

« *1° Travaux d'intérêt privé, pour les*
« *grandes concesssions. Ces travaux resteront*
« *à la charge des propriétaires. L'Adminis-*
« *tration pourra s'entremettre pour que les*
« *engins nécessaires soient mis à leur disposi-*
« *tion à des conditions raisonnables ;*

« *2° Travaux d'intérêt communal, dans les*
« *communes déjà installées depuis longtemps*
« *et riches, soit que les terres desservies soient*
« *des terres communales, soit qu'elles appar-*
« *tiennent à un nombre assez considérable de*
« *petits propriétaires ;*

« *3° Travaux d'intérêt provincial, dans les*
« *terres neuves ou récemment mises en culture,*
« *lorsque les communes sont de formation*
« *récente et encore pauvres, ou lorsque la*
« *propriété très morcelée résulte de lotissements*
« *récents, ou doit résulter de lotissements*
« *prochains ; le creusement de petits canaux*
« *pourra même précéder, parfois, le lotisse-*
« *ment et la mise aux enchères de lots de*

« *terrain de petite et de moyenne super-*
« *ficie. Ce sera une expérience intéressante à*
« *tenter.*

« *Plus tard, au moment d'exécuter les*
« *travaux, le détail en devra être étudié. Le*
« *Service des Travaux Publics restera en*
« *contact avec vous et vous apportera ses*
« *conseils ; il fournira les levés, projets et devis*
« *qui lui sont demandés.*

« *Pour le moment, le but de l'enquête pour-*
« *suivie est double, savoir :*

« *1° Avoir une première idée de l'impor-*
« *tance du travail total à exécuter dans les*
« *années prochaines, pour apprécier combien*
« *d'engins devront être prévus, et comment*
« *pourront être rédigés les marchés ;*

« *2° Reconnaître quelles catégories de ca-*
« *naux sont plus spécialement désirées, afin de*
« *déterminer en conséquence les spécifications*
« *du matériel à acquérir.*

« *La première petite drague ne pourra*
« *commencer à travailler, au plus tôt, qu'en*
« *mai 1924. En dehors des renseignements*

« *immédiats que je vous prie de me fournir,*
« *vous avez donc tout le temps nécessaire*
« *pour préparer le plan approfondi du pro-*
« *gramme à réaliser.*

« *Je vous serai obligé de réserver à cette*
« *question toute l'attention qu'elle mérite et*
« *de me faire part des observations que vous*
« *jugerez utiles.*

Signé : Cognacq.

Le même Gouverneur, soucieux de procurer à la Cochinchine, en outre de la régularité des récoltes laquelle est fonction d'une henreuse disposition des canaux, l'augmentation de production qu'elle a en puissance, a compris que, vu la main-d'œuvre insuffisante, il fallait procurer, à la terre, des moyens mécaniques de la travailler sur de plus grandes étendues qu'elle ne l'est à l'heure actuelle et il a donné une vigoureuse impulsion aux recherches d'un engin aratoire approprié.

Le moment n'est pas éloigné où l'outil idoine sera mis au point, et ce jour-là les récoltes tendront vers leur plein.

Voici les lignes que j'avais écrites, longtemps auparavant, à l'occasion des études entreprises sur la motoculture :

Labours.

D'aucuns, que je remercie, ont bien voulu arrêter leur attention sur mon récent article : « Un pas vers la terre ».

Lecteurs curieux, aimables épistoliers autant que causeurs sagaces, ils me signalent que les opinions, par moi émises, se perdaient dans un rythme qui atténuait leur force d'argumentation, et, m'invitant à m'évader d'une ambiance trop bucolique, ils me prient d'exprimer en « prose » mes idées sur le labour sec.

Encore qu'il me paraisse difficile, presque douloureux, dirais-je, de renoncer, pour chanter la terre, à la musique des mots, je vais essayer.

Négligeant volontairement les cultures autres que celle du riz, et, à propos de celle-ci, considérant qu'aucune difficulté sérieuse ne saurait empêcher le cultivateur de faire ses semis à l'heure choisie par lui, parce que les superficies qui reçoivent la semence sont peu étendues, je me place au seul point de vue des grandes surfaces destinées à être plantées par repiquage des mas (semis).

En Basse-Cochinchine, comme ailleurs, le sol, avant que lui soient confiées les destinées de la future récolte, doit être remué. Le problème est de déterminer à quel moment et dans quelles conditions physiques, dans cette plaine alluvionnaire, doit être pratiquée cette opération.

Deux méthodes peuvent prévaloir : le labour se fera quand la glaise est à découvert, ou bien quand elle est immergée.

D'excellents esprits pensent, après observation, que le moyen le plus certain d'éviter *l'erreur, quand on arrive dans un pays non encore étudié, est d'adopter les procédés employés par les autochtones. Cette discipline se révèle excellente dans son principe. Le difficile est de distinguer, dans la façon d'agir des indigènes, ce qui est la part de leur libre discernement, et ce qui leur est imposé par les contingences permanentes ou momentanées.*

Or, il est, je crois, arrivé que ce départ n'a pas été fait ici; la conséquence s'est traduite par une formule que j'exprimerai ainsi : «Le riziculteur annamite fait tous ses travaux de labour quand la terre est sous l'eau, et cela depuis des siècles et des siècles, donc, nous ne devons pas aller là contre». Et, l'emploi de la motoculture n'étant plus discuté par personne de raisonnable, surtout, dans une contrée comme la Cochinchine si peu habitée par rapport à son étendue, ceux qui estimaient que le labour ne pouvait être utilement pratiqué que la rizière étant inondée, se lancèrent dans des recherches, consciencieuses certes, mais coûteuses, aux fins de trouver la machine capable d'effectuer son travail dans et sous l'eau. Je considère que cet instrument n'est pas trouvé et j'ajoute qu'il faut s'en réjouir.

En effet, l'agriculteur annamite a, dès longtemps, depuis toujours peut-être, parfaitement compris que labourer le sol quand il est recouvert d'une couche d'eau, c'est aller contre les indications de la nature. Si, néanmoins, il a, dès le principe, suivi ces errements qu'IL SAVAIT fâcheux, c'est uniquement parce qu'il n'a jamais pu faire autrement. Ne disposant, pour creuser ses sillons, que de moyens rudimentaires, charrue de bois tirée par des buffles, impuissants contre une glaise qui, lorsqu'elle est sèche, pourrait servir d'enclume, l'Annamite a dû, pour l'attaquer, se résigner à attendre que les eaux de pluie et celles du fleuve l'aient, en la sursaturant, rendue accessible. « Se résigner », est le mot vrai, car il n'ignorait pas qu'en agissant ainsi, il favorisait la pullulation des microbes *nuisibles, et se privait de l'action bienfaisante de l'air et du soleil.*

L'erreur, pensons-nous, fut de croire qu'il y avait méthode là où n'existait qu'une adaptation, défectueuse mais forcée.

C'est un axiome de l'agronomie que le sol n'est débarrassé de ses parasites que par une large aération ; par ainsi, également, s'obtient une bonne nitrification.

Qui dira les dégâts causés dans les plantations par les insectes ? Seul, le soleil a le pouvoir de les détruire, dans le temps où le soc fouille et retourne la terre, car les microbes néfastes s'accommodent difficilement du contact direct avec le grand air et l'irradiation solaire. Au contraire, les microbes favorables, le ferment nitrique, qui ont une action efficace sur la matière azotée, organique du sol, et qui transforment les nitrites en nitrates, opérant cette novation : la nitrification, ont besoin d'air. Ce ferment qui, d'une richesse inutilisable directement, fait un engrais assimilable, ne peut vivre et agir qu'en présence de l'oxygène.

Notre terre cochinchinoise, compacte et chargée d'eau, a des réserves considérables d'azote organique ; trop souvent, cependant, elle ne donne que des récoltes maigres relativement à celles qui pourraient en sortir. La cause, partielle mais importante, réside dans ce fait que, labourée quand elle n'est plus en contact avec l'atmosphère, les ferments nitriques y meurent asphyxiés et ne peuvent pas jouer leur rôle de « transformateurs ». Partant, l'azote organique n'est pas rendue, par eux, assimilable directement par la plante.

Je conclus donc à la nécessité de procéder aux labours immédiatement après la récolte, à un moment où la terre est à l'air libre. Dès lors, ce travail peut être effectué avec les tracteurs ordinaires de quoi se servent nos agriculteurs de France.

Point n'est besoin de chercher, à de grands frais de temps et d'argent, des machines compliquées pour labourer des terrains inondés : machines non trouvées et que je souhaite qu'on ne trouve jamais.

Cet article fait allusion à un autre paru peu de jours auparavant et dans lequel j'attirais l'attention bienveillante des pouvoirs publics sur le sort de l'animal précieux qui, depuis toujours et pour longtemps encore, remplit le rôle destiné aux machines.

Le buffle méritait bien cela et voici ce qu'en son honneur j'écrivais vers la fin de l'année 1921, à mon retour de France :

Un pas vers la terre.

Lorsque je fus rentré dans ma vieille maison, j'allai, un peu curieux, m'accouder aux fenêtres, anxieux, un tantinet, de scruter l'horizon, reconnaître les choses et deviner les êtres.

Alors, donc, j'avisai, tout près de la clôture dans quoi, vert et fleuri, s'enferme mon parterre, maçons et menuisiers achevant la toiture d'un bâtiment coquet encore qu'un peu sévère.

Comme ses habitants éventuels devaient être mes voisins les plus proches, je m'informai et j'appris que la maisonnette s'appellerait, conformément à ses fins, le « laboratoire », destiné à servir aux opérations et expériences du vétérinaire.

Ainsi tiré d'incertitude, et, désormais assuré d'entretenir des relations, tapageuses peut-être mais cordiales, avec les hôtes occasionnels de l'inquiétant chalet, je laissai libre cours à mon humeur, de sa nature folâtre.

Enfin, un fonctionnaire, que j'ai pu voir aimable et résolu, était chargé officiellement de sauvegarder le présent et l'avenir d'animaux qualifiés domestiques, dont certains, d'ailleurs, se font princièrement servir par de jolies mains.

Mais, laissons à leurs caresses, chattes langoureuses et fidèles toutous, et disons notre joie de la sollicitude si méritée accordée aux vaillants petits chevaux, aux bœufs, aux buffles au pas pesant.

*Joie très réelle. La « terre » m'émeut,
comme tout ce qui y touche. Que de frissons,
dès lors, dans cette belle Cochinchine et
combien de fois ne sont-elles pas montées
jusqu'à mes lèvres les immortelles cadences
des vers de Lamartine sur les laboureurs.*

*Immense et monotone, la plaine, verte,
fuit ; et le regard, avide de trouver autre
chose, voit la terre en travail, ou bien qui se
repose, fertile sous le soleil brûlant ou la
pluie.*

*L'homme s'est pris, corps à corps, avec
l'argile rude ; mais, par trop inégale, cette
séculaire bataille eût marqué sa défaite, si,
réduit à ses bras nerveux mais peu solides,
il n'eût vu s'assouplir à ses desseins têtus, le
buffle, énorme brute.*

*Un jour, on fit un rêve. Il fut même
grandiose.*

*Jetant un regard, loin, sur la campagne
inerte des obscurs marécages ; contemplant,
d'un œil morne et le regret dans l'âme, le
plan aux proportions infinies et désertes, où*

seuls poussent, tenaces, les néfastes joncs, les hommes d'Occident eurent la pensée superbe de violenter cette stérilité.

Le moteur était là, et solide et docile, pour aider la main impuissante de l'homme. Et pourquoi, disait-on, rester esclave, de pauvres animaux qui d'ailleurs n'en peuvent mais, si leur nombre est restreint et leurs jarrets trop faibles.

Mais ce fut un beau rêve, et ne fut que cela ! Des lustres sont passés, sans qu'en sortît un fait.

Négligeant de comprendre le paysan d'Annam qui laboure sous l'eau à son corps défendant, contraint qu'il est d'attendre que le sol soit mou pour le pouvoir remuer, les chercheurs de progrès perdirent un temps précieux à chercher un outil qui travaillât dans l'eau. La vérité est autre. Le soleil, s'il brille, ne brille pas pour rien ; ses rayons ont mission de féconder la terre et de la purifier des larves qui l'infectent ; quel engrais agirait sans nitrification ? Tout cela, on l'obtient en

*labourant à sec, Tous les tracteurs le font ;
que ne les emploie-t-on ?*

Peut-être que, bientôt, une lueur va poindre. En attendant ce mieux, contentons-nous du bien modeste mais fidèle compagnon, le buffle.

Comme l'Arabe vénère le chameau à la force gracile, l'Annamite affectionne le buffle, géant fragile. Pour lui, c'est le labour, pour lui, c'est la moisson, pour lui, c'est le salut.

Hélas, ce vaste corps au poil rare et boueux, ce massif encorné aux épaules puissantes, ces pattes lourdement incrustées dans la vase font croire à la santé qui n'est qu'illusoire. Cette force asservie est des plus susceptibles.

Qui, naviguant sur les rachs aux eaux jaunes, n'a vu, soudain, surgir, la tête émergeant seule, un troupeau s'abritant des piqûres de moustiques, dont le dard acéré leur est douleur et mort ?

La maladie vient-elle attaquer l'un d'entre-eux, tout aussitôt commence la rapide

*hicatombe ; et les vides se font, dont la moisson
f ture, déficitaire, accusera la marque. Ga-
ant de proche en proche, le fléau s'étendra,
e troupeau en troupeau, et la terre en jachère
ttendra, mais en vain, la blessure féconde que
e soc, grâce au buffle, lui fait annuellement.*

*La misère viendra ; les impôts rendront,
ais avec murmures ; les emprunts échoue-
ront. L'industrie, le commerce, qui ne sont
qu'accessoires, languiront, crouleront, car, il
est d'évidence, qu'ici, culture est tout. Il suffit,
pour le voir, d'un regard plein d'amour, et
quand il est d'amour, il est bien plus perçant.*

*Un effort s'annonce, petit, mais un effort,
pour donner à la « terre » l'attention qu'elle
mérite.*

*Rien de ce qu'on fera ne peut être trop
grand.*

*
* *

Il ne suffisait pas de prétendre obtenir
des récoltes plus abondantes ; ce n'était
pas assez non plus de les vouloir plus

régulières ; il était capital de donner à notre grain cochinchinois, le paddy, — devenu, après décortiquage, le riz, — une valeur spécifique dans le trafic mondial.

Notre actuel Gouverneur a saisi l'importance de ce problème et il s'est attaché à en atteindre la solution par le moyen de concours.

Je reproduis l'impression réconfortante que je ressentis à cette occasion :

Concours.

Donc ! Monsieur le Gouverneur Cognacq a eu l'heureuse idée de prescrire l'organisation, dans les principaux centres de l'Ouest cochinchinois, de concours régionaux de paddys.

J'écris « heureuse » parce qu'elle m'apparaît telle, mais je dois ajouter que la grosse majorité de la population serait fort embarrassée de se prononcer sur le plus ou moins d'opportunité de cette initiative,

Je n'en veux pour preuve que la question qui m'a été posée par des quantités d'exposants : « Ce hangar où l'on nous a conviés à apporter nos plus beaux échantillons de grains est très joli ; la musique que nous donne la fanfare est assez agréable, mais, au fond, quel est le but de tout cela ? »

Il faut avouer qu'interrogé de la sorte on demeure quelque peu stupéfait et il est paradoxal que pareille manifestation économique ait été faite sans qu'au préalable on ait instruit les agriculteurs de l'intérêt final proposé à l'effort qu'on leur demandait.

Le premier jour du Concours de Cântho, je répondis pour ma part, aux Annamites qui m'interrogeaient, que très certainement quelqu'un prendrait la parole pour leur donner des explications.

Nous attendîmes tous en vain.

J'ai ouï dire que, par la suite, un des membres de la Commission avait rempli cet office. Je veux le croire, mais comme j'étais absent, je ne me prononce pas sur le fait.

Aussi puis-je trouver qu'il n'est pas inutile d'écrire quelques lignes pour exprimer ce qui est probablement la pensée du Gouverneur, réflétant elle-même des désiderata du monde agricole, commercial et industriel.

De quoi s'agit-il ?

Simplement d'arriver à standardiser nos riz indochinois, c'est-à-dire à leur donner sur le marché international une cote qui correspond à leur véritable identité.

En effet, il se produit, depuis longtemps, ceci que nos riz, au lieu d'être vendus directement aux acheteurs de la Métropole et de l'Etranger, sont exportés et passent plus particulièrement par Hongkong pour perdre dans ce dernier port leur individualité et en être réexportés avec l'estampille du grand entrepôt anglo-chinois, de telle sorte que ceux qui les consomment sont très loin de se douter qu'ils mangent du riz de l'Indochine.

Vous apercevez bien que les usiniers et les commerçants de Hongkong ne se livrent pas à ce petit trafic sans en tirer de gros profits et ils ont à ce point discrédité notre produit national que, de bonne foi, les acheteurs de riz ne connaissent comme « riz de Saigon » que les brisures destinées aux poules et aux porcs.

Déjà, cultivateurs annamites, vous comprenez mieux et presque complètement l'intérêt qu'il y a pour vous à démontrer, par le fait, d'abord que vos terres sont aptes à produire de beaux paddys et ensuite que cette qualité, quand elle sera sélectionnée, pourra être maintenue constante. A ce moment-là, nos riz seront standardisés et tout le bénéfice artificiel et injuste que réalisent les intermédiaires de Hongkong sera conservé partiellement par vous.

Où en sommes-nous des deux conditions posées plus haut comme prémisses de la conclusion souhaitée ?

En ce qui concerne la qualité du grain, il faudrait être de mauvaise foi pour ne pas reconnaître que les expositions que nous venons de voir ont révélé l'existence de remarquables paddys et l'on peut dire que toutes les meilleures variétés vendues dans le monde sous diverses étiquettes étrangères et à gros prix, existent d'ores et déjà dans nos rizières cochinchinoises.

Il reste à accomplir la tâche la plus difficile qui se résume à généraliser l'uniformité de production des qualités choisies.

Qui fera cet effort ?

A première vue, il semble que cela soit dévolu naturellement aux gros propriétaires, mais une difficulté surgit, provenant de ce fait qu'ils ne cultivent généralement pas eux-mêmes leurs terres et lorsqu'on les incite à imposer à leurs fermiers la culture de telle ou telle variété, ces grands détenteurs de rizières répondent que leurs « ta-diên » (fermiers) ne manqueraient pas, dans l'occurrence toujours possible, hélas, d'une mauvaise récolte, de se retrancher derrière cette injonction pour refuser de payer leurs fermages.

La pierre d'achoppement est là, il ne servirait de rien de refuser de la voir ; il s'agit simplement de savoir si on peut contourner l'obstacle.

Est-ce possible ?

Je crois que oui et, à mon sens, il conviendrait de demander aux grands terriens, tout en respectant leur manière de voir, de cultiver personnellement à côté de leurs fermiers des surfaces petites d'abord puis plus vastes en grain sélectionné ; de mettre, sous les yeux du cultivateurs, des résultats précis et matériels et, pour compenser les premières difficultés, la Colonie pourrait dédommager les grands propriétaires de bonne volonté d'un effort désintéressé et produit uniquement dans l'intérêt général.

CHAPITRE VII

D'entre les multiples sollicitudes dues à la Colonie, l'on peut affirmer que l'une des principales est de procurer à ses habitants le crédit indispensable à l'accomplissement des travaux proposés à leur activité.

A l'heure actuelle, il est presque juste de dire que le crédit agricole n'existe pas.

« Presque », ai-je écrit, parce que, depuis quelques années, des syndicats furent constitués, lesquels obtiennent, en donnant leur signature en plus de celle des emprunteurs, obtiennent, dis-je, de la Banque de l'Indochine, des prêts dans des conditions raisonnables.

Mais le vice capital de cette institution réside dans cette contingence, très lourde de conséquences et d'inquiétudes, que les membres du syndicat sont solidairement responsables vis-à-vis de la Banque.

C'est pourquoi une campagne fut menée pour déterminer notre grand établissement financier, la Banque de l'Indochine, à fonder le crédit agricole. Le résultat favorable est imminent.

Voici quatre articles que j'écrivis à ce sujet:

L'Article 8.

La Commission des colonies a consacré un certain nombre de séances à la discussion du projet de loi sur le renouvellement du privilège de la Banque de l'Indochine.

Adoption, modification, furent successivement prononcées, puis, quand arriva le tour de l'article 8, celui-ci fut « réservé ».

Quelle est donc cette disposition assez fameuse pour arrêter ainsi l'élan de nos législateurs ? C'est celle par laquelle la Banque s'engage à faire à la Colonie une avance de six millions de piastres sans intérêts.

Les fonds ainsi obtenus seraient, du moins pour partie, destinés à doter une banque de crédit agricole.

Depuis peu, notre établissement d'émission a consenti aux cultivateurs des avances par l'intermédiaire des syndicats. Mais ces derniers organismes présentent deux graves inconvénients ; ils sont ouverts aux seuls indigènes et la procédure à suivre pour parvenir à la réalisation du gage est trop compliquée, trop longue, et partant trop coûteuse.

Ces défauts organiques en font des instruments de crédit incomplets et peu commodes ; écrire cela, c'est aussi les condamner après avoir rendu toutefois hommage à ceux qui les ont créés, puisque ces hommes d'action ont, justement, estimé que ne pouvant avoir

« *mieux* », *il fallait se contenter de* « *bien* », *le mieux étant l'ennemi du bien.*

Mais ne pas substituer aux syndicats une véritable banque de crédit agricole serait proclamer la faillite de notre volonté vers le progrès élémentaire et vital.

Ainsi ont pensé, dès lontemps, les amis de ce pays et de ses habitants les plus nombreux et les plus intéressants économiquement parce que source de tout profit initial, j'entends les agriculteurs ; et, de souhaits platoniques en vœux pressants, puis en un ultimatum, l'on en est arrivé à la réalisation très prochaine de l'institution tant désirée parce que si nécessaire.

En ce qui touche plus particulièrement l'Ouest cochinchinois, le siège de la future Banque serait à Cantho, ce qui est normal, — cette ville pompeusement dénommée, un peu avec conviction, un tantinet par ironie, « capitale », restant, en fait, le centre géographique de nos plaines et rizières, donc le point où il sera le plus commode pour les emprunteurs de se rendre vite et à frais relativement réduits.

La Banque de l'Indochine d'ailleurs demeure tellement persuadée que le crédit agricole va devenir une chose réelle, sans pléonasme même vicieux, qu'il y a quelques années elle a acquis sur les quais, non loin du Bungalow, un splendide terrain, destiné à recevoir les bâtiments d'habitation de son personnel.

Certes, l'on peut affirmer sans sourire que cet achat venait à point nommé pour lui fournir un argument démonstratif de sa bonne volonté à exécuter ses promesses. En fait, l'emplacement est resté terrain vague, mais, en face, il y a des briqueteries et les constructions s'élèvent vite.

Je ne désespère pas de voir mettre en place les piquets de fondation avant longtemps, car le vote du Parlement ne saurait tarder à devenir un ordre impératif.

Que sera cette Banque agricole ? Très vraisemblablement une société anonyme ordinaire.

Qui en sera l'élément « Personnel » et quelles en seront les ressources financières ?

Encore que le souvenir de la Banque de Cochinchine soit demeuré vivace et néfaste, car la leçon fut pénible et dure encore, je crois que les agriculteurs indigènes et les quelques colons français tiendront à compter au nombre des actionnaires parce qu'ils comprennent et désirent l'existence d'un établissement financier, leur permettant de monnayer, sans les vendre, leurs biens immobiliers, et cela à des taux d'intérêts raisonnables. Ces taux pourront l'être parce que ces six millions que la Banque de l'Indochine va devoir mettre gratuitement à la disposition du Gouvernement, celui-ci les ristournera partiellement à la Banque agricole de telle sorte que la société se contentera de couvrir ses frais généraux et de se réserver un bénéfice normal. Si on songe que, la confiance existant, les dépôts afflueront, il est certain que « l'affaire » sera bonne, et l'on comprend très bien que la Banque de l'Indochine, soucieuse de retrouver les bénéfices qu'elle percevra en moins par le fait de son prêt gratuit, tienne à devenir actionnaire de la Banque agricole. Je ne doute pas, en ce qui me concerne, qu'elle sera le plus important.

Est-ce un bien ?

Je le crois, parce que, et c'est ici le troisième point d'interrogation, c'est une question de savoir qui dirigera le nouvel établissement de crédit ?

Le personnel technique sera de premier ordre ou c'est l'échec assuré, et je ne risquerais pas une sorbe dans cette entreprise si directeur et exécutants ne devaient pas être, le premier un banquier de valeur, les autres des hommes de métier rassis.

Or, où se procurer ces éléments si indispensables à la réussite sinon en les demandant à notre Banque d'Indochine qui sera, en définitive, la source de l'encaisse, l'escompteur des papiers tirés par la Banque de crédit agricole, et n'est-il pas logique de souhaiter qu'elle devienne, de cette dernière,

un gros sinon le plus important actionnaire ?

Elle y gagnera de fortes sommes ? Assurément et ce sera bien ainsi puisqu'elle rendra
des services immenses, alors.

Supposons l'organisme créé, en marche
harmonieuse. Arrivera un moment où les
premières défaillances d'emprunteurs force-
ront la Banque à réaliser le gage qu'ils lui
auront remis. Là git la grande difficulté car
s'il faut suivre notre Code de procédure civile
en matière de saisie-immobilière, les avocats
y gagneront de jolis émoluments à coup sûr,
mais la marche des affaires bancaires en sera
ralentie à un point tel que les dirigeants de
l'affaire se montreront très circonspects dans
leur politique et, pour n'avoir pas le boulet
de la procédure à traîner, ne consentiront
des avances qu'à ceux-là seuls, parmi les
solliciteurs d'argent, qui presque certainement
payeront à l'échéance. Or ne prêter qu'à des
gens de qui la fortune est déjà révolue mais
à court de disponibilités immédiates est une

bonne chose, mais ce qui apparaît souhaitable c'est le secours donné à celui de qui le sort, en équilibre, oscille, douteux. Un refus de fonds et la ruine s'accomplit, inéluctable ; une avance d'argent, et le salut devient possible, probable.

Il importe donc que la Banque prête à qui en a besoin sans se préoccuper des difficultés de réalisation du gage. Pour cela, le Parlement devrait accompagner son vote de l'article 8 d'une résolution législative octroyant aux établissements de crédit agricole d'Indochine la procédure que le Crédit Foncier applique, rapide et peu coûteuse.

Deux députés, MM. Ballande et Bluysen, ayant des intérêts électoraux et matériels dans les établissements français de l'Inde et en Nouvelle Calédonie, ont, en commission, fait observer que les Colonies, autres que l'Indochine, où le privilège de la Banque s'exerce également, ne bénéficieront pas de l'avance de six millions et la commission a donné mandat à son rapporteur d'obtenir l'octroi *d'un complément d'avance destiné à ces petites possessions ainsi qu'à sa répartition par Colonie.*

Cela semble équitable. Que l'Union indo-chinoise soit le lion qui s'octroie la plus belle part, c'est parfait, car c'est elle qui fut et va à la chasse et qui rapporte le plus beau gibier, j'entends le plus de piastres à la Banque, mais pourquoi refuserait-on aux modestes terres françaises où la Banque est installée la possibilité de bénéficier d'institutions de quoi l'utilité est ici proclamée ?

*
* *

L'évènement tant attendu n'étant pas réalisé avec la promptitude désirée parce qu'indispensable, j'écrivis l'article que voici :

L'interminable « provisoire ».

La nouvelle est arrivée, officielle et navrante, nous apprenant que le privilège de la Banque de l'Indochine est renouvelé pour une période d'une année (1923, puis 1924).

Certes, après avoir parcouru certains échos de nombreux journaux métropolitains et surtout après avoir sérieusement lu et médité l'article du Temps, l'on pouvait, à connaître la très grosse influence de quoi cet organe dispose, prévoir que ses suggestions seraient suivies.

Malgré tout je conservais un brin, oh ! un tout petit brin d'espoir, de voir le Gouvernement passer outre et demander au Parlement, après une discussion qui pour être courte n'en eut pas été pour cela nécessairement mauvaise et inefficace, demander, disais-je, le vote d'une disposition législative donnant à la Banque des perspectives assez belles et assez longues pour qu'elle pût y suivre une course, nous entraînant avec elle vers le but commun, la prospérité de ce pays.

Au lieu de cela un acte de Gouvernement laisse en suspens la solution pendant encore un an.

Adieu, vache, veau...

Ah ! certes, la déception est grande. Déjà dans ce journal, à côté de tant d'autres, nous embouchions les trompettes de victoire et, supposant le problème résolu du renouvellement du privilège, nous avions commencé de prévoir et d'étudier le meilleur moyen d'organiser son corollaire obligatoire, l'établissement d'une Banque de crédit agricole, et même de plusieurs, et d'un guichet, ici, de la Banque de l'Indochine.

C'est décourageant.

Comment pouvons-nous désormais demander à la Banque de l'Indochine d'exécuter ce projet ? Elle nous répondra que, étant elle-même en l'air, comme un oiseau sur l'aile dit-on en anglais, il lui serait difficile de construire un nid, et à plus forte raison d'en édifier pour d'autres.

La riposte est impossible.

Conséquence de cela ? Elle est brutale ! Toute la Colonie va rester sans cet organisme de crédit agricole qu'elle attend avec impatience, on peut même écrire avec angoisse.

Tout est difficile actuellement.

Ceux qui possèdent ne peuvent pas mobiliser leurs ressources, et les compromettent faute de pouvoir les défendre.

Ainsi dans une certaine partie de la région d'Omôn, cette année, les eaux ont compromis chez d'aucuns, détruit chez d'autres complètement la récolte parce que les riziculteurs, désireux de faire les travaux de défenses, n'ont pu se procurer un argent devenu rare.

Un seul planteur fera, là-même, une abondante moisson, le très sympathique M. Mézin Guétan.

Pourquoi ? Parce que son crédit personnel lui a procuré les fonds voulus et qu'il a enfoui quinze mille piastres en terre en édifiant une digue.

Si la Banque de crédit agricole avait été en fonctionnement, nul doute que plusieurs centaines de milliers de piastres eussent augmenté l'actif de la province.

Ce qui est vrai de ce cas, l'est certainement de beaucoup d'autres à Cantho et partout.

Il ne reste plus qu'à souhaiter que la Banque de l'Indochine, certaine en fait de voir renouveler son privilège pour vingt ans, exécute, par anticipation, le programme qu'elle s'est fixé et réalise son projet de venir s'installer dans l'ouest et ailleurs avec son complément nécessaire : la Banque de crédit agricole.

*\
* *

Voici un appel encore à la promptitude. Les lignes qui suivent deviennent dramatiques, aujourd'hui que plusieurs provinces de l'ouest ont été couvertes par l'inondation qui a tout détruit.

Toujours la Banque de crédit agricole !
Périodiquement ceux qui ont reçu mission, officielle ou pas, d'amuser les gens, inventent des scies que chacun radote, chantonne ou

hurle suivant les tempéraments, les comprenant ou de confiance.

Ici, en Cochinchine, il y a une rengaine vieille comme le monde et la fatalité que tous, avec sérieux, confiance ou pessimisme, nous allons répétant : c'est la nécessité qu'ont les populations laborieuses de notre Ouest cochinchinois d'un établissement dispensant le crédit qui fait défaut à leurs besoins évidents.

A l'instar du vieux romain martelant inlassablement son Delenda est Carthago, *nous dirons et écrirons sans jamais en éprouver de fatigue : venez au secours des agriculteurs car, sans eux, vous ne seriez rien en ce pays, vous tous qui, fonctionnaires, émargez au budget qu'ils sont seuls à alimenter généreusement ; vous tous qui, industriels et commerçants, ne pouvez fabriquer et vendre que grâce à eux qui, par leur puissance d'achat renouvelée, permet votre existence et votre prospérité.*

Ne prenez pas cet air indifférent et hautain qui pourrait laisser croire que vous ne voyez pas ou, ce qui serait pire, que vous ne voulez pas voir la réalité.

Que vienne à crouler le soutien de votre fortune et vous vous effondrerez lourdement. Or ce pilier, c'est le riziculteur; il n'y en a pas deux, il est un et cet un, c'est lui.

Il râle en ce moment et si vous feignez d'ignorer son agonie, prenez garde, parce que, lui mort, vous ne tarderez pas à trépasser. Oui, il a besoin d'argent, ce laboureur que vous regardez, en passant à folle vitesse sur les routes; il vient dans certaines régions de subir, trois années consécutives, des déficits impressionnants sur sa récolte et les plus grands comme les plus petits des campagnards ont à peu près épuisé leurs réserves. Comment vont-ils financer la prochaine campagne agricole ?

Pour ma part, très bien placé à des titres divers pour en juger, je n'ose pas répondre car je sais, certainement, que les fonds en circulation ont disparu.

Les syndicats agricoles qui ont démontré, par le fait, leur utilité, sont trop limités dans *le cercle imposé à leur activité et dont ils ne peuvent franchir la circonférence. Alors?*

Alors ! Créez, mais de grâce, faites-le vite, cet organisme, sans quoi la machine, si merveilleuse pourtant, risque de s'arrêter, immobilisant tout le reste. Créez le crédit agricole !

Banque de l'Indochine ! Toi, dirais-je comme Bossuet, de qui relèvent tous les empires... indochinois, agis ! Sans attendre le renouvellement d'un privilège que tu sais, pertinemment, être accordé selon tes vues et souhaits, établis ton guichet et escompte les effets que te présentera la Banque de crédit agricole.

Celle-ci, fais-la toi-même ; nous y viendrons tous et si tu ne veux pas, passe la main. D'autres sont là pour prendre la barre et je crois savoir que tu fais confiance à ce timonier qui s'offre.

Comment s'appelle-t-il ?

Pourquoi le cacher, il a son crédit foncier colonial. Un mythe ? Que non pas. Il existe, et robuste même. J'ai eu occasion de dîner (que ne fait-on pas devant un bon repas) avec son délégué pour l'Extrême-Orient, M. Poplu, et j'ai déduit, de ce qu'il a bien voulu exprimer, la confiance qu'appuyé par le Gouvernement et la Banque de l'Indochine, le Crédit foncier colonial, financièrement sain et techniquement outillé par ses activités passées et triomphales, peut et veut nous doter de l'établissement de crédit agricole que nous réclamons.

Allez, Messieurs, les armes sont prêtes, les pas comptés, le duel va commencer entre vous et l'usurier. Ayez l'œil prompt et la main alerte. La victoire vous attend, mais c'est une dame impatiente qui n'aime pas faire antichambre.

Puis-je introduire cette altière princesse ?
Oui.

Madame, entrez.

*
* *

La grande préoccupation des promoteurs du crédit agricole, ici, est de trouver des garanties réelles, certaines et facilement accessibles. Dans l'article qui suit, je proposai un système qui me parut efficace :

La Banque de crédit agricole.

Encore elle ! Toujours elle !
Soyons pratiques.
Pratiques ?

Vocable que l'on trouve sur toutes les lèvres, sous toutes les plumes, et usité le plus souvent dans son sens péjoratif par ceux-là, innombrables, qui, Français, font montre d'admiration pour les Anglo-Saxons, et, par snobisme, critiquent les conceptions néo-latines.

En fait, en isolant le sens de ce mot du fatras des considérations qui l'encombrent, l'on garde l'idée que ce qui est pratique est exactement ce qui est réalisable, cet adjectif dérivant directement du mot latin res.

Or, il arrive que de bons esprits, captant des idées flottantes, imprécises, les condensent à peu près précisément, et, les faisant leurs, les présentent à ceux-là mêmes de qui ils les tiennent.

Ainsi est-il advenu pour la pensée de créer le crédit agricole.

Le besoin d'argent à des taux d'intérêt raisonnable était à ce point pressant que, tout de suite, chacun comprit et proclama qu'on ne pourrait plus vivre, désormais, sans une Banque de crédit agricole.

Une vigoureuse campagne fut conduite mais, comme il ne s'agissait pas d'un objectif insignifiant à emporter, mais bien d'un but très réellement essentiel à atteindre, les opérations furent longues.

D'autant plus que, par de multiples et parfois mystérieux motifs, personne ne voulait réaliser la Chose. La Chose ? Vous saisissez bien que j'y mets une majuscule.

Pourtant l'on est presque tenté d'écrire, aujourd'hui, qu'elle sera faite.

L'Appel a toujours apporté, dans les débats provoqués par cette intéressante cause,

une ardeur, dont la courtoisie n'empêcha pas
l'opiniâtreté, et je dois à ses lecteurs des
précisions qui se rattachent immédiatement
au titre de cet article.

« Soyons pratiques », donc en fondant notre
Banque de crédit agricole, car jusqu'à présent
on a signalé l'urgence de cette institution
sans élaborer d'elle un statut possible.

Ceux qui ont échafaudé des projets et des
statuts, me paraissent avoir oublié d'apporter
une solution au problème angoissant, en
matière de crédit, je veux dire: la Sanction.

Comment concevoir qu'une société, établissement de crédit, consentira à prêter des
capitaux, surtout à faible intérêt, si deux
certitudes ne lui sont pas données avant le
prêt et que l'on peut formuler ainsi :

1° Le gage que le débiteur donne en garantie
doit être, sans contestation possible, la propriété réalisable dudit débiteur ;

2° Le gage doit pouvoir, en cas de volonté
motivée du prêteur, être réalisé dans un bref
délai.

La première de ces conditions est, malheureusement, impossible, dans l'état présent des lois et des décisions jurisprudentielles.

En effet, les arrêts de notre Cour d'Appel décident dans deux cas, ainsi qu'il suit :

a) Dans la pensée, louable, certes, de respecter une coutume qui nous vient du stade patriarcal de la famille et de la société annamites, la Cour rend des décisions sanctionnant les droits du père, lorsqu'il les revendique, sur les biens de ses enfants, quand ces derniers ou leurs créanciers n'ont pas apporté la très difficile preuve qu'ils ont acquis ces biens alors que : 1° leur personnalité juridique distincte était déjà née (par la majorité, le mariage, la résidence séparée); 2° et que le prix qu'ils ont payé provenait de leur travail exclusivement personnel exercé sur des matières premières (rizière ou autre), d'origine extra-familiale ;

b) Soucieuse de donner (disent certains arrêts), de restituer (disent d'autres), à la femme annamite ce qui lui est dû, la Cour, ainsi que l'indiquait mon ami Dubreuilh dans le dernier numéro de L'Appel, admet qu'une concubine qui, en plus de son assistance sentimentale, a donné à son compagnon de vie, une assistance soit en travail, soit en apports de meubles ou d'immeubles, telle que cette assistance a contribué à l'édification de la fortune des amants, admet, ai-je écrit, que cette maîtresse obtienne un juste partage de la communauté de fait, ce à quoi, d'ailleurs, l'on ne peut qu'applaudir parce que cela est conforme à l'équité. Il n'en reste pas moins une inquiétude latente du prêteur qui a, sur la tête, suspendue, une deuxième épée de Damoclès, la première ayant été décrite plus haut ;

c) Il en est une troisième depuis peu, la 2ᵉ Chambre de la Cour ayant admis, avec raison, à mon sens, que la femme peut posséder des biens propres, ce qui entraîne, pour la Banque, encore, une cause de préoccupations.

Voilà donc le mal. Où est le remède ?

Je propose ceci comme ayant le mérite d'être pratique et radical, puisqu'il est impossible *de fixer une jurisprudence par ce motif, premier et dernier, nécessaire mais suffisant, qu'il est de l'essence de la jurisprudence de changer ou, tout au moins, de pouvoir changer, puisque, d'autre part, la Banque ne peut rester à la merci des revendications possibles d'ayant-droits sur des biens à elle donnés en gage : 1° On devrait prendre un texte législatif (décret-loi), posant que chaque prêteur, par l'affichage (d'une durée à déterminer mais qui serait brève) à tels et tels endroits choisis et imposés, du titre (copies) de propriété du postulant emprunteur, pourra purger cette propriété, en ce qui le concerne, lui, prêteur, de toutes les prétentions que l'on pourrait avoir sur la propriété en question et cela à quelque titre que ce soit. Les frais de purge seront faibles et en droits fixes.*

Ainsi la Banque, sollicitée, fera la purge et prêtera, ensuite, avec pleine quiétude, du moins en ce qui la concerne personnellement, la purge ne profitant (erga omnes) qu'à celui qui l'aura faite.

2º Quant à la possibilité de réaliser rapidement le gage, elle dépend de la promulgation, ici, des lois et décrets sur le Crédit foncier de France (décret du 28 février 1852, loi de juin 1853) en réduisant l'intervalle entre le commandement et la vente à un mois et, surtout, en décidant que les frais seront tous en droits fixes et peu élevés.

Tout cela est peut-être un peu brutal. Soit! Mais si les apparences semblent être draconiennes, la réalité donnera, à une infinité de personnalités adultes, un crédit qu'elles n'ont pas à l'heure actuelle parce que ceux, présents ou à créer, qui pourraient le leur dispenser, sont arrêtés par l'appréhension des risques possibles de revendication de tiers, père, femme, concubine, etc...

Je conclus en reprenant le titre de cet article: Soyons pratiques.

**
* **

L'année 1924 est commencée, assez largement écornée déjà, et rien n'a été fait. Le Crédit agricole n'est pas, à ce jour, fortement organisé ici, j'entends de façon adéquate aux besoins des millions d'Annamites qui, chaque année, sont à la merci des éléments.

Cette carence est une FAUTE.

Aussi bien, lisez *La Petite Tribune Indigène* du 2 février 1924, en son article : « Le bilan annuel » et notez ce passage :

« La riziculture, source presqu'unique de la
« richesse cochinchinoise, a été très éprouvée
« par de terribles inondations. Non seule-
« ment l'Administration française n'a tenu
« que très imparfaitement vis-à-vis des *nhà*
« *quê*, ses promesses solennelles de secours
« opportuns, mais encore, elle se montre
« implacable dans le recouvrement des
« impôts fonciers pour des terres qu'elles
« sait pertinemment dévastées par les eaux.
« Les moyens de coercition les plus indignes
« sont employés à l'égard des notables
« chargés du recouvrement et des proprié-
« taires retardataires. Nous reviendrons sur
« ces agissements d'un Gouvernement qui
« ne se déclare paternel que pour tromper

« l'opinion publique métropolitaine et qui
« se montre impitoyable à serrer la vis fis-
« cale pour faire suer le turban annamite. »

En fait, le Gouvernement a prodigué aux
populations sinistrées tous les secours immédiatement réalisables, mais une bouée de
sauvetage ne saurait être un bateau, et celui-
ci seul est un refuge permanent. Pensez-vous
que si, au lieu de compter et recompter
les piastres qu'il a accumulées en fonds de
réserve, le Gouvernement les avaient mises
â la disposition d'un organisme de crédit
agricole il, aurait encouru des reproches
qui ne sont qu'imparfaitement injustes?

Je veux écrire, encore une fois, ces mots
qui sont une vérité définitive : l'âme de ce
pays, c'est l'âme de la terre. Donnez des
soins affectueux et efficaces au cultivateur
et vous serez aimé.

Il faut que, pour nous, chante le laboureur
des hymnes de reconnaissance et de foi, car
si mouraient les notes de ces cantiques
d'amour, nous aurions moralement vécu.

CHAPITRE VIII

———

Pour la première fois, l'on put voir, en 1922, une colonie française oser lancer un emprunt important sans le faire garantir par la France métropolitaine. Le fait est remarquable et le Monde l'a remarqué.

Les lignes suivantes que j'écrivis, avant le succès de cette opération financière inédite, dira combien ma confiance était forte.

La cote.

L'historien, de qui la mission est de reconstituer la vie des âges révolus, imprime à ce travail passionnant, le cachet de son tempérament. Celui-ci, soucieux de détails, soulèvera, une à une, les écailles qui recouvrent le passé, avide de découvrir de menus faits ; celui-là, préférant les vastes panoramas, enlèvera, d'un seul coup, la carapace que la patine du temps a jetée sur ce qui n'est plus, anxieux qu'il sera d'apercevoir, d'un large regard, la silhouette d'ensemble d'une époque. Le premier se montrera friand de Mémoires où les contemporains ont fixé, avec amour, avec haine, ou simplement avec une licencieuse et indulgente ironie, les menus événements du jour ; le second, sans négliger ces amusantes et instructives chroniques, s'appliquera à discerner le trait qui synthétise.

A vouloir surtout nous distraire, nous choisirons la première manière, mais, c'est dans la seconde, que nous trouverons la leçon qui nous guidera.

« Chaque âge a ses plaisirs, chaque âme a ses mystères ». Les hommes, que leur destinée a désignés pour conduire leurs contemporains, *n'ont pas tous le même style. Supposons que nous ayons, dans cent ans, et qu'est-ce qu'un siècle, à écrire l'histoire de l'œuvre française en Indochine, n'est-il pas évident que les gouverneurs qui ont présidé à l'évolution de la colonie, apparaîtront différents ?*

Les amiraux marqueront, d'un trait puissant, leur passage qui, par le fait qu'ils durent le frayer dans la pénombre d'une ère très nouvelle, était périlleux.

Au Gouverneur général Doumer, restera la vision, juste, d'avoir voulu, pour l'Union qu'il créa, un budget général de quoi sortit la solidarité des différents pays de la péninsule.

M. Sarraut aura tenté d'instaurer une politique d'association, de laquelle la tendance est essentiellement française, et dont le principe semble juste si l'on considère les lamentables résultats obtenus par des moyens de colonisation différents, pratiqués par les Anglo-Saxons.

A M. le Gouverneur général Maurice Long, à ceux qui suivent sa pensée en la réalisant, reviendra l'honneur d'avoir donné, à l'Union indochinoise, son autonomie financière.

Jusqu'ici, cette contrée privilégiée, avait joui d'une renommée de richesse qui se répandait au loin, jusque dans la métropole, et la dépassant ; mais, en dépit de cette flatteuse réputation, le progrès économique, subordonné à de grands travaux et à de grosses dépenses, avait dû, pour aboutir, s'appuyer, sur le crédit de la France européenne. Les emprunts étaient couverts, mais ceux qui accueillaient le « papier » indochinois, y cherchaient et y trouvaient la signature de la vieille patrie.

M. Maurice Long a cru, et il faut le remercier de cette foi que d'aucuns ont trouvé dangereusement audacieuse, M. Long a cru que le splendide pays, dont la monnaie n'a jamais faibli parce qu'elle figurait une prospérité réelle, pouvait se passer de caution, et il a invité les populations, qu'il mène avec une si fertile bienveillance, à affirmer leur vitalité aux yeux du monde.

Le Monde s'étonna. Il s'étonnera bien davantage, quand il consultera, bientôt, la cote du crédit international, car c'est à cette cote-là que, désormais, nous allons figurer, et, sans nul doute, l'Indochine, qui s'y fait admettre par un acte de volonté et de vie, y figurera en très belle place.

Cela, il le faut, et nous tous qui sommes ici, nous devons, pour qu'à ce tableau où se mesure le crédit de chacun, notre titre monte aussi haut que possible, lui faire un piédestal de nos disponibilités.

M. le Gouverneur Cognacq, sur qui reposent tant d'espoirs annamites, peut être assuré que son avènement sera salué par un joyeux carillon de ces belles piastres sonores que M. le Gouverneur général Long nous a rendues au nouvel an !

*
* *

La confiance que le Gouverneur général Maurice Long avait dans la vitalité financière de l'Union se trouva, par l'événement, largement justifiée puisque l'emprunt, limité à six millions de piastres, fut couvert presque deux fois, la Cochinchine se révélant, comme toujours, le plus solide des soutiens, car sa seule contribution dépassa celle de tous les autres pays de l'Indochine.

Ce serait aller, de mauvaise foi, maladroitement, contre l'évidence que de nier la vigueur déployée par l'Administration pour persuader les populations que leur devoir résidait alors dans de larges souscriptions ; l'espoir d'une distinction honorifique, habilement annoncé ou même précisé, fut un excellent argument qui fit saisir, avec une subite et inédite intelligence, aux riches campagnards ou villageois, la raison qu'ils avaient de verser leur argent pour l'accomplissement de travaux d'utilité publique, exécutés *hors* de leur localité.

Pourtant, il serait injuste de ne pas rendre hommage aux pouvoirs publics qui ont réussi à faire comprendre à certains Annamites assez nombreux de Cochinchine, qu'un travail apparemment étranger, fait au Tonkin, en l'espèce un tronçon de la ligne ferrée Hanoi-Saigon, avait une incidence et que le profit en irait aussi aux autres membres de l'Union indochinoise.

Puisque notre mission est d'observer les caractères spécifiques de l'époque contemporaine, je tiens pour capitale, et dominant toutes autres considérations relatives à ce premier emprunt, cette notion, nouvelle, de *solidarité*.

CHAPITRE IX

———

M. Albert Sarraut aura tenté d'instaurer
en Indochine une politique d'association.

Telle est la phrase par quoi je pensai
naguère et continue de croire que l'Histoire
synthétisera son passage ici comme Gouverneur Général.

Depuis, Ministre des Colonies, ce grand
colonial tâche à généraliser sa pensée en
l'étendant à tout l'empire français.

Je ne veux retenir que deux mots de ce
que j'en écrivais: « Politique d'association »
et « tenté » puisqu'ils expriment le premier

le but poursuivi et le second le sort qui fut celui de l'effort.

Combien vain paraîtrais-je si j'avais la prétention de compiler ce qui a été dit et écrit, excellemment parfois, mal aussi, sur ce qu'il faut entendre par politique d'association. Vain ? Assurément, parce que l'intérêt que j'ai pris à écrire, et celui que je goûte à grouper mes aperçus, résident exclusivement en ceci: l'observateur, seul, résidant longtemps au milieu d'une population, peut recueillir les réflexes émanant d'elle sous l'inoculation d'éléments jusque-là étrangers à son organisme et j'ai la satisfaction de ne pas recevoir ces réflexes indirectement, les ayant subis moi-même.

Ce qui importe donc au lecteur, et cela est vrai pour l'intégralité de ce livre, ce qui l'attire, ce n'est pas l'intrigue romanesque d'un récit qui, par sa nature, n'en comporte pas ; ce n'est pas la personnalité de l'auteur, parfaitement inconnu, c'est et c'est seulement la circonstance que l'écrivain a condensé, pour lui lecteur, les observations personnelles de longues années de présence réelle.

Or, il faut écrire que les Annamites, j'entends l'élite, ont beaucoup apprécié le sens que donnait M. Albert Sarraut à l'évolution de nos rapports avec eux.

Ils l'ont même suivi, ce sens, avec un tel enthousiasme que les plus ardents d'entre eux, les plus hardis peut-on dire, les plus insensés aussi peut-être, poussèrent le principe, tout de suite, jusqu'à ses extrêmes limites et invoquant, sans esprit critique d'ailleurs, l'exemple des Dominions britanniques, ils ont demandé pourquoi l'Indochine ne se gouvernerait pas elle-même, demeurant d'ailleurs une fidèle « associée » de la mère-patrie.

Les audacieux qui posaient cette question donnaient la mesure de leur inexpérience en matière politique et montraient clairement, par là-même, l'inanité de leur prétention.

Est-ce à dire que les conséquences finales
de la politique d'association ne seront pas
celles-là ? Non! Qui peut, raisonnablement,
nier que, tôt ou tard, l'Indochine, comme
les autres colonies, recevra de la France
des franchises très larges et sera considérée
par Elle, mieux comme une alliée loyale et
certaine que comme un sujet ? Non
seulement cela sera, mais il est bon que
cela soit, et l'on peut, d'ores et déjà, prédire
que cet attachement moral indéfectible, sur
quoi la France comptera de la part de ses
filles devenues majeures, procédera directement de l'envergure actuelle de sa bonté,
de sa douceur, de l'intelligente audace de
ses procédés de tutrice.

Tenir cet engagement est plus difficile.
Cela est naturel. La conception d'une belle
idée est chose émanant de la seule âme, du
seul cerveau du chef et dérive seulement
de la qualité de ce cerveau et de cette âme
que je suppose bons et que, dans le cas
présent, j'affirme tels ; mais la réalisation

de cette pensée dépend d'innombrables autres cerveaux et d'innombrables âmes qui, de par leur nombre même, sont nécessairement divers.

Telle est l'histoire de la mise en application de la politique dite d'association.

Par premier effet de cette doctrine, l'on voulut substituer des fonctionnaires annamites, dans certains postes, à des Français. Ai-je besoin d'en écrire davantage pour indiquer suffisamment la résistance des seconds à ce qu'ils nommaient usurpation?

Que penser des doléances des agents administratifs français en l'occurence?

Elles furent humaines, donc faites d'égoïs.me, d'instinct de conservation, « d'immedia-tisme » ; il leur manqua le contrôle de l'esprit largement ouvert sur l'avenir, mais malgré cela et à cause de cela elles sont excusables.

Ont-elles marqué un temps d'arrêt dans l'essor de la pensée gouvernementale? Oui et ceux qui ont vécu alors entendent encore aujourd'hui les cris d'alarme poussés à propos de quelques receveurs annamites des Postes et Télégraphes ayant emporté la caisse ou ayant facilité, avec profit, l'envoi de forts mandats télégraphiques fictifs.

Je me rappelle aussi l'hostilité qui accueillit certain Annamite nommé magistrat au titre français. Cela est de l'histoire, il fallait l'écrire. Mais il reste que l'afflux, dans les cadres, de fonctionnaires annamites, monte sans cesse et, dans la limite où l'on sera prudent en ce qui concerne les fonctions touchant à la politique, je partage ces vues ; les Annamites, bien que se jalousant entre-eux, éprouvent une satisfaction indéniable à voir certains de leurs compatriotes « associés » de plus en plus largement à l'administration de leur pays.

J'ai bien précisé « Administration », car je tiens pour précipitée l'ambition des Annamites quand ils veulent accéder aux postes de gouvernement.

A ce sujet j'écrivais ce qui suit :

Il y a politique et politique.

C'est une question que se posent certains, qui affectent d'être des directeurs d'opinion en ce pays, de savoir si, dans cette classe nouvelle que sont les intellectuels annamites contemporains, il se trouverait des hommes du Gouvernement.

Répondre est en même temps examiner ce que c'est que gouverner.

La définition qui fut un jour donnée : « gouverner c'est prévoir », est juste mais prête peut-être à ambiguïté.

En effet, la confusion est fréquente entre le fait de gouverner et celui d'administrer, et je crois qu'en faisant cesser l'erreur qui consiste à assimiler ces deux choses, on trouvera la réponse à faire à l'interrogation posée en tête de cet article.

L'on me rapportait la parole d'un homme politique qui, conduit à donner son appréciation sur le haut personnel administratif de nos colonies, considérait que les représentants de l'Administration n'étaient pas des « politiques ».

Ce mot peut, à première impression, sembler une critique.

En réalité ce n'est qu'une constatation, parce que les vertus qu'on est en droit d'exiger d'un administrateur ne sont pas les mêmes que celles dont font preuve, généralement, les gouvernants.

Aux premiers, des qualités d'exécutants ; aux seconds, des dons de chef.

Il suffit que ceux, ayant la mission de réaliser la pensée de ceux qui commandent, apportent, dans la compréhension de cette pensée, de l'intelligence et de l'énergie ; il faut, nécessairement, à ceux qui doivent élaborer cette pensée, l'étincelle qui conçoit.

Il est tout à fait intéressant de remarquer, en étudiant l'histoire, que, très rarement, se sont improvisés des administrateurs, tandis que l'on a vu des hommes, nullement préparés à gouverner, se révéler, subitement, des chefs incomparables.

Si l'on veut s'instruire de ce phénomène que l'on veuille bien évoquer ce qui se passait au temps de Rome.

Tel qui devenait consul, porté au pouvoir par le jeu des ambitions de famille, par la lutte des partis, montait au Capitole et là, du premier coup, montrait une maîtrise incomparable dans la direction des affaires publiques.

Ainsi encore les proconsuls, non instruits des choses de la guerre, souvent, apportaient, dans la direction de leurs provinces et dans leurs commandements contre l'étranger, des aptitudes extraordinaires.

Il faut ajouter que tel qui luttait au premier rang eut été démontré incapable au second, et n'eût point réalisé les ordres qu'il s'entendait si bien à donner.

La réciproque étant vraie, je reviens à mon sujet et je conclus que, parmi ceux qui se disent les premiers d'entre les Annamites, l'on pourrait, si besoin en était, trouver de bons éléments dans l'ordre administratif, mais qu'il serait prématuré de penser pouvoir en discerner dans l'ordre politique.

Disons que cette appréciation n'est que provisoire. Toute vérité n'a de valeur que si on la limite en quelque manière et laissons au temps le soin de dégager ce qui existe peut-être, en puissance, chez d'aucuns pensant le posséder déjà.

CHAPITRE X

Si c'est aller trop vite et trop loin que donner entrée au gouvernement, dès maintenant, aux indigènes de ce pays, il ne serait pas moins inopportun et peu équitable de les en exclure complètement. Aussi faut-il ajouter, quand on écrit sur ces choses, que, par gouvernement, l'on doit entendre ici pouvoir exécutif.

D'autres manières existent de participer à la direction des affaires publiques ; il y a les assemblées élues, il y a aussi la Presse.

Une pensée libérale a ouvert ces deux domaines aux Annamites, assez étroitement pour les premières, très largement pour la seconde.

En ce qui touche le Conseil Colonial, l'adverbe « étroitement », inscrit dans la phrase qui précède, concerne aussi bien les Français, dits Européens, que les Annamites, car les premiers ne diffèrent des seconds que par les électeurs et leurs prérogatives, égales, restent également frappées d'impuissance.

Je veux supposer que ce Parlement, puisqu'on s'est plu à l'appeler ainsi, soit composé d'éléments remarquables au triple point de vue de l'intelligence, de la compétence et du caractère, et je conclus que le Conseil Colonial, ne votant que des vœux, ne donnant que des avis non impératifs, n'est, en définitive, qu'une tribune.

Magnifique chaire d'ailleurs, d'où pourraient tomber, lourdes d'influence, d'où pourraient s'élever, puissantes d'envolée, de belles paroles.

Malheureusement, ces mots, que nombre d'entre les membres du Conseil pourraient lancer au loin, perdent de leur portée parce que se limitant à des objectifs locaux, disons la chose redoutable, à des personnes.

Cette considération me frappa en suite des dernières élections qui amenèrent, sur les bancs de l'assemblée, des hommes de réelle, d'aucuns même de haute valeur, et j'écrivis alors, fin 1922, ces lignes :

Impuissance !

Il ne serait ni juste ni prudent de condamner nos conseillers coloniaux en les jugeant seulement d'après leurs débuts, puisqu'ils ont quatre années de législature à fournir et qu'en suite des erreurs peuvent venir d'honorables services.

Pourtant, ce crédit accordé, on ne peut se défendre de marquer une déception et des regrets, à considérer ce que furent, à ce jour, les débats de notre assemblée élue.

Une impression domine et s'imposerait à celui-là même qui ignorerait tout de nos coulisses politiques, à celui-là surtout : l'absence d'une personnalité indiscutable et indiscutée en autorité.

Par contre, au lieu de cet astre de première grandeur, à l'éclat impérieux, une poussière d'étoiles aux lueurs intermittentes, et d'un scintillement fatiguant parce que la vue n'arrive pas à s'y poser.

De cela, il faut se résigner à voir sortir de graves inconvénients, qui peuvent se résumer en ce mot terrible, caractéristique hélas de presque toutes les assemblées délibérantes : l'impuissance.

Lorsque, d'une foule, émerge une volonté, même si celle-ci s'exerce vers des fins mauvaises, le danger est moindre que si les forces, latentes dans la masse, sont groupées pour des réalisations divergentes. En effet, l'important est de comprendre ; or, on saisit un vouloir néfaste et il est possible de s'en écarter et de le combattre ; fixer les aspirations personnelles et multiples est impossible ; ce n'est plus le combat d'idées, c'est la guerre d'escarmouches ;

rien ne plane sur les discussions et l'assemblée,
ainsi frappée à mort dès sa naissance, mérite
le vers de Lamartine :

Un grand peuple sans âme est une vaste foule.

Ici même, j'ai naïvement exposé, dans le
moment où il fallait prendre position, que
des vertus très diverses s'offrant à notre dis-
crimination, il convenait de choisir sans souci
de créer un « parti ». C'est ce qui s'est produit
et, «panachant» notre liste, nous avons prévu
le succès de huit sur dix des conseillers au
titre français siégeant actuellement. Cette
attitude fut la résultante de ce qu'un chef
manquait qui eût pu s'imposer.

Vraiment, il est à regretter que nos élus
possèdent tant des apparences de ce que nous
étions si bien disposés à qualifier talent, parce
qu'à considérer leurs efforts, nos conseillers
ont pour principal souci celui de ne pas demeurer coi après qu'un rival a paru obtenir
un succès personnel.

Et comme cela est bien compréhensible !
Dans la cour du collège, quand deux élèves

*passent, dès la rentrée, pour fatalement
devoir conduire leurs camarades, il s'établit,
entre-eux, une rivalité telle que, lorsque l'un
a bravé, par un acte d'indiscipline, l'autorité
réglementaire et fait figure de héros, l'autre,
tout aussitôt, imagine un trait plus accentué
pour reprendre l'avantage.*

*Ainsi pouvons-nous dire de notre assemblée.
Si quelqu'un ne prend pas « le meilleur »,
comme l'on dit en style de sport, c'est certainement l'anarchie qui se prolongera.*

*Quant à la querelle qui divise une partie
du Conseil et M. le Gouverneur Cognacq,
j'avoue ne pas la trouver très drôle. Que le
Chef de la colonie ait estimé devoir s'opposer
à ce qu'un règlement fût violé et qu'il se
trouve des juristes pour s'insurger là contre,
voilà qui me dépasse. La seule question est
celle-ci : le règlement dont il s'agit existe-t-il
oui ou non ? Dans l'affirmative, le Gouverneur
a incontestablement raison, et si, d'aventure,
d'aucuns trouvent ce texte gênant et inopportun, qu'ils bataillent pour en obtenir un autre,*

mais qu'ils ne s'en prennent pas à un Gou-
verneur se servant d'une loi en vigueur.

Agir ainsi qu'il est présentement fait,
donne un résultat très certain : les électeurs
pensent que le parti est pris de lutter contre
le pouvoir exécutif administratif, j'entends le
Gouverneur et ses collaborateurs, et cela est
mauvais d'abord parce que la passion, encore
qu'elle prenne parfois des formes puissantes
et belles, la passion est néfaste dans le cours
ordinaire des évolutions ; c'est un procédé
révolutionnaire ; ensuite, parce que cette
attitude prête à chacun des élus le désir trop
visible de devenir le « tombeur » du Gouver-
neur, et en quoi cela peut-il nous intéresser ?

Cela demeure et c'est dommage, parce
que des hommes éloquents siègent au
Conseil colonial.

Lors d'une réunion électorale, j'avais eu
l'occasion d'exposer le moyen que j'envisa-
geais comme devant permettre à l'assemblée

d'agir sans en avoir le pouvoir officiel. Le Conseil colonial, n'ayant pas la prérogative de décisions impératives dans les questions vitales d'autorité et de finances, il serait puéril qu'il s'entêtât à les vouloir imposer contre la volonté du Gouverneur.

Que le caractère de chambre consultative soit bon ou mauvais, cela, appliqué à notre assemblée élue, ne saurait être qu'une question d'opportunité et de temps.

L'axiome politique restant à mes yeux que rien n'a de valeur que ce qui est possible, il faut se contenter de ce qui existe : le Conseil colonial est une tribune ; que donc, l'on s'en serve pour parler, mais que, méthodiquement, soient écartées des débats toutes les attaques *ad hominem* et que les paroles, projetées haut, aillent très loin, jusqu'à Paris, exprimer une pensée détachée des mesquineries personnelles. Alors, l'attention des auditeurs sera arrêtée, et, par leur noblesse même, les prières atteindront les esprits généreux. Lorsque l'on ne peut

commander, il reste de savoir demander ;
mais, par l'ampleur des requêtes et le
désintéressement personnel des requérants
il arrive souvent que le but est vite atteint.

CHAPITRE XI

———

Au surplus, la parole ne souffre pas d'un isolement dangereux pour les échos qu'elle cherche.

La libéralité de nos gouvernants a, en effet, permis l'envolée de feuilles nombreuses et ce sera le cachet, avec tant d'autres, imprimé ici par M. Albert Sarraut, que la presse libre.

Que l'on n'aille pas supposer ses prédécesseurs des despotes ombrageux, préoccupés d'entraver la liberté d'écrire ; qu'il soit seulement acquis que leur pouvoir, plus récent après la conquête, ne provoquait pas le développement d'une puissance parfois brutale dans ses manifestations.

Le journaliste, le lettré, l'historien qu'est M. Albert Sarraut, professe que la force s'accompagne volontiers d'indulgence. Il pense qu'à constater le silence d'un pays, l'on peut à peu près sûrement en inférer qu'il vient de la contrainte parce que les luttes intestines sont à la fois le signe et la rançon de la liberté.

Depuis qu'il a gouverné l'Indochine l'on y lit des journaux locaux nombreux, et si la presse de rédaction française par des Français, ethniquement parlant, s'est simplement maintenue, par contre les quotidiens et périodiques de pensée et de composition annamites transposés en langage français ont progressé non seulement en nombre, mais en émancipation.

Parmi des éléments ordinaires, doivent être distinguées des valeurs remarquables ; je connais des rédacteurs annamites, directeurs de journaux aussi, émergeant des autres, qui possèdent, dans la perfection, les secrets de notre belle langue.

Ce qu'expriment ces journaux m'apparaît souvent tendancieux, je l'ai déjà écrit longuement, il n'y a pas à y revenir. Une fièvre anime les plus remarquables des Annamites ayant assimilé notre civilisation dans ces manifestations intellectuelles, et le danger vient de ce qu'ils croient avoir, par là, acquis un caractère assez ferme pour commander, oubliant qu'ils n'ont pas encore l'autorité morale indispensable pour s'imposer à tous, pour *maintenir l'unité* de leur pays et qu'en le voulant gouverner déjà ils risqueraient de le livrer à de fatales discordes renouvelées d'autrefois.

Si l'on suppose vraie l'opinion de ceux qui ramènent tout au hasard et s'en remettent à lui des bons et des mauvais succès; si l'on accorde que les hommes qualifiés grands ne furent que les bénéficiaires de résultantes heureuses dues au sort et que ceux réputés néfastes ne firent que subir un méchant destin ; si l'on courbe la volonté humaine sous le poids d'une fatalité à ce point lourde que l'étude de l'Histoire n'offre que l'intérêt d'une constatation et non celui d'une leçon, alors tout effort est vain.

Alors aussi doit-on avouer futile l'idée de noter, à leur avènement, de suivre dans leurs développements, les faits et les gestes de ceux qui les accomplissent ; alors enfin semblent puériles les velléités d'imiter les actions justes de celui-ci, d'éviter les erreurs de celui-là, parce que vérité et erreur ne sont que des mots, les choses par eux désignées étant ou n'étant pas, leur existence ne dérivant d'aucune volonté.

Est-ce ta pensée, lecteur ? Oui. Ferme ce livre, car tu en as déjà trop lu et contemple les éléments calmes ou en furie ! En cela tu conformeras ta conduite à tes idées ; puisque ta passivité te sauvegarde des aventures fâcheuses contre quoi le bon La Fontaine donna naguère au hommes le conseil, qu'il croyait peut-être bon, d'aider le ciel.

Si, au contraire, tu crois, à tort ou à raison, que l'expérience, j'entends la connaissance et la critique des évènements historiques passés ou présents, puisse aider à discerner la bonne conduite à venir et à assurer favorablement la destinée de ceux que tu gouvernes, alors continue et tourne ces feuillets.

Il ne s'y trouve pas de ces pages que la majesté du style et la force des arguments imposent irrésistiblement.

Simplement y lira-t-on des remarques faites sans ordre et au gré de la vie journalière, sur les choses principalement, sur les hommes quelquefois, qui ont marqué l'histoire contemporaine de notre belle Cochinchine.

Pour moi, j'incline à croire que, crût-on en la fragilité de notre puissance à diriger l'Histoire, il reste bon de laisser aux hommes cette grandiose illusion que leur volonté impose son emprise ; merveilleux ouvrage que cette action, ne fût-elle qu'un rêve et sans quoi, la vie n'est qu'une servitude au lieu d'être une gloire radieuse d'espérance.

Sachons donc nettement ce que nous voulons. Là est le secret de toute supériorité.

De grands esprits ont déjà posé des bases solides sur quoi s'élève et continue de monter, majestueux et noble, le monument qu'est notre œuvre coloniale, édifice dont l'imposante et pure silhouette se profilera aux yeux des peuples éblouis.

Pourquoi serait-il déclaré insignifiant d'y ajouter une pierre ? Pour modeste qu'elle soit, elle restera solide si elle est de qualité.

Il lui suffit, dès lors, d'être extraite directement de la carrière.

Ce caillou je l'apporte ici, stratifié en ces feuilles.

CHAPITRE XII

Tenant pour certain que l'intérêt de ce livre, si toutefois il lui en est reconnu un, même très modeste, ne saurait résider dans la simple consignation de faits divers locaux, je me suis toujours attaché à dégager la pensée indigène à l'occasion des événements plutôt qu'aux contingences elles-mêmes.

Ainsi, ce n'est pas une nouvelle que le projet d'établir une voie ferrée continuant la petite ligne Saigon-Mytho et allant jusqu'à la pointe sud de la Cochinchine à travers toute la plaine. Dès longtemps, il en fut question et, avec des fortunes diverses, l'idée fut discutée depuis vingt ans et plus.

Voici ce que j'en pense personnellement avec la grosse majorité des Annamites :

Opportunité.

Pour nous, provinciaux de l'ouest, c'est la grande nouvelle, celle que Madame de Sévigné aurait, crescendo, accompagnée des qualificatifs les plus ardents : Cantho port de mer.

Il n'est, pour le comprendre, que de se rappeler les campagnes par la plume et la parole, conduites à cette fin. On peut prétendre que les causeries électorales sont alimentées, depuis longtemps, ici, par trois sujets : la naturalisation, la Banque de crédit agricole et la novation de Cantho en port maritime.

Qu'hommage soit rendu à la presse qui suit la chose avec intérêt. J'ai sous les yeux

L'Echo Annamite *du 5 juin et j'y lis un article de tête où est précisément discutée l'opportunité de deux grands travaux publics projetés ; c'est le titre même de l'article qui le résume :* « *La ligne Mytho-Cantho-Baclieu ou Cantho port de mer ?* »

L'auteur conclut en faveur de la dernière proposition.

Il a, je crois, pleinement raison, et j'éprouve, à le proclamer, d'autant plus de plaisir que, reprochant moi-même, à certains, leur hostilité à la Mission Candelier (Appel du 17 mars 1923, article intitulé : Réalisateurs et Impuissants*), j'avais réservé la question en ces termes :* « *Il sera bon de revenir sur l'excellence ou l'inopportunité de cette ligne ferrée Mytho-Cantho-Baclieu, comme aussi sur le projet qui serait de les généraliser dans un pays doté, naturellement, d'un réseau de cours d'eau aussi magnifique que celui de la Basse-Cochinchine* ».

Il est aisé de lire, dans ces lignes, ma pensée : je conclus nettement en faveur de

Cantho, port de mer, quant à la priorité des travaux.

Cette mentalité, d'ailleurs, est la résultante de plusieurs prémisses :

Primo: *Il suffit de vivre parmi les Annamites de l'ouest, de provoquer leurs confidences, ou simplement de les surprendre ou encore de les deviner, pour demeurer persuadé que leurs préférences vont à ce projet de transformer notre capitale occidentale de Cochinchine en un port maritime, je veux dire effectivement accessible aux navires de mer.*

L'on peut reprocher à cet élément de conviction de n'être point scientifique. Soit ! La critique est fondée ; l'important reste de savoir si, parfois et souvent, l'instinct populaire n'est pas un guide plus certain que les formules desquelles la base véritable et exclusive est une affirmation tombée d'une bouche... « technique » ;

Secundo: *Comment, à connaître ce pays de l'ouest, ne pas avouer ce qui s'impose avec* une violence unique peut-être au monde, j'entends l'extraordinaire richesse de nos plaines en voies naturelles de navigation. Une vision panoramique, d'un avion, est impressionnante à ce sujet Jamais le chemin de fer ne remplacera le fleuve et les canaux. « Jamais » c'est un gros mot et pourtant je l'écris, imitant en cela les amoureux qui sont, en criant « toujours », de parfaite bonne foi.

Il me souvient qu'à l'école de droit, notre professeur d'économie politique, traitant la question des transports de marchandises par eau douce, précisait que, sur la Seine et les canaux adjacents, le trafic par péniches coûtait, à égalité de charge, treize fois moins que par voie ferrée. Or, qu'est-ce autre chose que les péniches sinon des jonques françaises ? et ceci me conduit directement à mon troisième postulat ;.

Tertio : Il faut dire que le commerce de batellerie fluviale se trouvant réuni tout entier entre les mains des Chinois, le fret est scandaleusement cher.

Est-ce à dire que mon articulat secundo soit faux ?

Non. Cela signifie seulement que nous souffrons, en l'espèce, d'un mal, de ceux que les médecins et chroniqueurs, effrayés d'avoir à les prononcer quant aux malades, expriment : « Un mal qui ne pardonne pas ». Qu'est-ce ? Le monopole.

Les Chinois ont la maîtrise absolue des transports de paddys du champ vers l'usine. Si on calcule ce qu'ils exigent comme fret, on reste stupéfait. De Cantho à Cholon, par exemple, le picul supporte 0$20, ce qui se traduit par 3 $ la tonne, prix évidemment extravagant.

Les partisans du chemin de fer, plaidant leur cause, insistent particulièrement sur ce fait que la ligne ferrée, faisant cesser le monopole chinois, forcerait les bateliers à diminuer leurs prétentions.

Cela est vrai pour une part très petite, à mon avis, et ne saurait être comparé à l'action, déterminante en ce sens, qu'aurait une oiganisation puissante de transports fluviaux franco-annamite.

Que demain, il soit créé une entreprise ayant pour objet le transport du paddy et qu'elle s'outille bien ; cette affaire réussira infailliblement parce que la matière exploitable est infinie et les Chinois capituleraient.

Je ne souhaite pas leur disparition, mais je désire que la concurrence s'établisse.

Cette entreprise est-elle possible ?

Certes, et si la colonie, aux lieu et place du chemin de fer Mytho-Cantho-Bacliêu, prenait l'initiative de soutenir pareille création, celle-ci serait. Alors, on verrait le contraire de ce que les Messageries Fluviales nous offrent comme spectacle lamentable. On croiserait des convois de jonques en bois ou plutôt métalliques (genre jonques Duclos) tirés par des remorqueurs. On verrait une organisation pour envoyer des péniches aux confluents propices où le « nhà-quê » aime à porter son grain. On verrait, en un mot, une intelligente mise à la portée du client, de la chose que *désire ce client, c'est-à-dire un moyen de transport. Alors le fret baisserait considérablement.*

Cela fait, et la pénétration par eau pouvant être intégrale, quel est le chemin de fer qui pourra lutter ? Nous dirons, dans un prochain article, combien tout cela serait plus vrai encore si Cantho devenait port maritime.

*⁎
⁎ ⁎*

Ce n'est point davantage quelque chose d'inédit que le désir d'ouvrir sur la mer une porte à la riche plaine du sud-ouest cochinchinois et d'affranchir les produits de cette contrée, le riz, l'incontestable trésor de la colonie, de la paradoxale obligation et charge de passer par Cholon ; voici ce que j'en écrivais vers le milieu de l'année 1923 :

Cantho, port de mer d'abord.

M. le Gouverneur général et M. le Gouverneur de la Cochinchine, parcourant très récemment l'ouest cochinchinois, ne faisaient pas un voyage d'agrément ; ils avaient le souci de prendre une impression complémentaire des régions où vont se porter leurs efforts prochains.

Prochains ? Certes, et je n'en veux pour preuve que les paroles mêmes de M. Baudoin.

Le Gouverneur général, parlant, à son arrivée à Cantho, aux fonctionnaires et colons venus pour le saluer, a déclaré qu'il venait d'avoir le bonheur de signer avec ceux, apparemment désignés pour les réaliser, le contrat les qualifiant pour étudier officiellement les travaux du chemin de fer Mytho-Cantho-Bacliêu.

Je crois même qu'il y a autre chose car, faisant, dans une conversation particulière, remarquer que les populations annamites donnaient la préférence, quant à la priorité, au projet Cantho-port de mer, je me fis répondre que peut-être les deux œuvres iraient ensemble.

Si cela est vrai, soyons heureux, mais ne trouvez-vous pas que c'est trop beau ?

J'ai crainte que la bouche ne soit plus grande que l'estomac, et je reste préoccupé des énormes disponibilités financières nécessaires.

Comme j'en faisais la remarque et prétendais que seul un emprunt et un gros pourrait couvrir les dépenses, il me fut insinué que cela n'était pas indispensable.

Soit !

Pourtant, en fonction de mon doute relatif, je dois répéter que le chemin de fer doit passer après l'ouverture des passes du Bassac, et que, si on ne peut tout réaliser de pair, il serait plus profitable de relier par eau nos provinces de l'ouest à la mer que de doubler les fleuves, rachs et canaux déjà existants, naturels et artificiels.

Dans un article (Appel, numéro 48), je crois avoir signalé que le réseau fluvial, quand il s'agit de marchandises non rapidement périssables, se révélait supérieur à la voie ferrée même lorsqu'il n'était qu'intérieur ; à plus forte raison, peut-on affirmer qu'il l'est quand il aboutit directement à la mer.

En somme, le rail ne déplacerait pas sensiblement l'axe de l'activité économique du pays.

Les voyageurs, en supposant, ce que je ne crois pas, qu'ils préfèrent le chemin de fer à l'automobile, y trouveraient leur profit ; les provisions légères parviendraient plus vite aux acheteurs qui, de l'intérieur, commandent aux magasins de Saigon.

Mais les marchandises lourdes ne sont pas près de circuler abondamment dans les wagons des futurs trains, parce que le sol permettra difficilement l'établissement d'un trafic intense par des rames de 75 et 100 trucs et fourgons telles que l'on en voit en Europe et ailleurs.

Au contraire, le jour où le courant des grains pourra trouver une issue immédiate sur l'océan, l'orientation des affaires sera dérivée de Saigon-Cholon vers l'ouest et cela aura une double conséquence :

Primo : Une loi inéluctable voulant que l'industrie tende vers le meilleur prix de revient de ses matières premières, il se créera des usines à décortiquer le paddy aux confluents les mieux placés pour recueillir les apports de grains venant des rizières et ces grains n'iront plus à Cholon, en provenance de l'ouest proprement dit ; cela, déjà, sera un immense résultat, mais un autre le complétera et le voici :

Secundo : *Les usines actuellement existantes à Cholon, se trouvant privées de leur nourriture, le grain, et risquant de périr d'inanition, chercheront, là où elles peuvent le trouver, du pady ;d où le trouveront-elles ? d'abord dans les provinces semi-orientales, ensuite au Cambodge et surtout dans la plaine des joncs. Voilà donc où il faudra en venir et on peut dire que la conséquence agricole de l'aménagement des passes du Bassac sera la mise en valeur de la plaine des joncs grosse d'avenir.*

Tout cela n'est-il remarquable et, autant qu'il est possible de le faire ressortir dans les quelques lignes d'un article de journal, il me

*paraît évident que le chemin de fer et l'accès
à la mer, si elles doivent être des réalisations
successives, le second mérite de passer par
priorité.*

Ce qui demeure le principal à remarquer,
c'est, à propos de ces considérables progrès,
la manifestation d'un certain état d'esprit
chez ceux qui font avec ostentation pro-
fession d'être les émancipateurs du peuple
annamite.

Ce qui a été retenu par eux, de ces efforts
vers une meilleure situation économique
pour leur pays, de cette volonté d'aboutir,
c'est que le Gouvernement français, au lieu
d'exécuter ces travaux en régie ou d'attendre
d'hypothétiques réalisations, s'est adressé à
un groupe financier.

Tout aussitôt ils ont, empruntant ce titre
tendancieux à une pièce de théâtre célèbre,
parlé et écrit qu'un vol de « sauterelles »
allait se jeter sur leur patrie.

Voilà ce qu'il faut retenir, parce que c'est le signe révélateur de l'opinion; d'un groupe turbulent, comme dans un roman, un menu incident, un trait anecdotique marquent fortement un personnage. A ce propos, j'écrivis, alors, ceci :

Réalisateurs et impuissants,

Au cours de la causerie provoquée par la venue de M. le député Outrey à Cantho, notre représentant au Parlement eut l'occasion, traitant la question du chemin de fer projeté entre Mytho et Baclieu, de protester contre un article paru dans un journal écrit en langue française mais par des Annamites, article intitulé « Les Sauterelles » je crois.

Ce réquisitoire contre la mission Candelier lui parut à tout le moins regrettable parce que s'en prenant à un homme qui, nous apprit-il, est, à l'heure actuelle, le technicien le plus autorisé en ce qui touche aux travaux ferroviaires puisque c'est à lui que le

Gouvernement français fit appel pour la restauration de nos lignes de chemin de fer dans les régions autrefois envahies et dévastées par les armées allemandes.

M. Outrey, s'adressant plus spécialement « à ses amis annamites » présents, leur manifesta combien il était navré du fâcheux état d'esprit que synthétisait pareille campagne, dans le temps même où, lui, faisait tous ses efforts pour faire aboutir le projet du fameux chemin de fer de l'ouest cochinchinois qui représente à ses yeux une nécessité.

Il sera bon de revenir sur l'excellence où l'inopportunité de cette ligne ferrée comme aussi sur le profit qu'il y aurait à les généraliser dans un pays doté naturellement d'un réseau de cours d'eau aussi magnifique que celui de la Basse-Cochinchine.

Aussi bien ne s'agit-il ici que de relever les tendances de la polémique engagée par l'article en question.

Le phénomène n'est pas d'ordre local et je n'en veux pour preuve que le débat assez

incisif engagé à la Chambre entre M. Boisneuf
et le Ministre des Colonies à propos des concessions africaines.

Une guerre violente est déclarée aux compa-
gnies concessionnaires « et M. Albert Sarraut
« déclare qu'il fait, dans toute la mesure où il
« le peut, rentrer dans le domainé public les
« terres concédées. Cette opération a déjà
« réussi pour 51 millions d'hectares sur un
« total de 84 millions. »

Ainsi donc il serait injuste de vouloir accuser notre Gouvernement de volontés contraires à celles qu'il réalise.

Mais il convient de poursuivre la lecture
du débat et de noter une phrase marquée de
bon sens et de claivoyance, et que voici :
« Le meilleur moyen de mettre en valeur des
« millions d'hectares, n'est pas de dégoûter
« les hommes qui apportent aux colonies
« leur argent et leur bonne volonté. Trop
« souvent déjà, les lenteurs administratives
« détournent vers le Brésil et l'Argentine nos
« aspirants colons ».

Cela est bien jugé. L'on a une inclination malsaine souvent à ne considérer ceux qui ont réussi que pour les envier ; et ceux-là qui reprochent aux triomphateurs de trop gagner, oublient que ceux-ci avaient quelque mérite à entreprendre ce qu'ils ont exécuté ; oublient aussi que le succès de hardis réalisateurs profite à la généralité.

N'est-il pas vrai que des rictus d'envie ont plissé les lèvres de beaucoup qui consultent la cote des valeurs, en constatant la hausse vertigineuse du papier Canal de Suez depuis qu'il est ouvert au trafic mondial ? C'est scandaleux, disent les uns ; c'est dégoûtant, bavent les autres.

Et pourtant, à lire l'histoire de ce gigantesque et génial travail qui a ajouté à l'œuvre du créateur, n'a-t-on pas, si l'on est impartial, de l'admiration pour son ou ses auteurs ?

Il est incontestable que, à obtenir et mettre en valeur dix hectares et même plus de rizières, on ne soulèvera pas l'indignation ; mais que l'on s'attaque à une œuvre redoutable qui demande une grande intelligence, de formidables moyens, une volonté opiniâtre, que l'on réussisse magnifiquement et que la récompense soit très belle, tout aussitôt l'on entendra hurler aux chausses des géants la meute de roquets impuissants. (Ceci n'est qu'une image !)

M. Outrey a raison, cela est navrant.

*

Ce qui navrait, c'était, non pas la manifestation d'une pensée protestataire contre les bénéficiaires possibles et probables d'un monopole prévisible et prévu ; cela, au contraire, était réconfortant, puisque révélateur d'une opinion publique nouvellement née.

Pour ma part, j'étais désolé de constater que cette opinion publique, rose venant à peine d'éclore, montrait déjà ses épines en condamnant *a priori* une forme du progrès économique : la concession.

Les murmures que l'on entendit alors, furent comme le frisson qui émeut l'atmosphère quand passe la brise annonciatrice d'orage.

Celui-ci n'avait pas éclaté, et l'année 1923 allait mourir, tranquillement,quand soudain un grand éclat fit tout trembler.

La session du Conseil colonial était annoncée et l'ordre du jour comportait l'avis, demandé à cette assemblée élue, sur l'opportunité de la concession au groupe financier dit groupe Candelier, de l'exploitation du Port de commerce.

Le Conseil colonial comprend de nombreux membres annamites.

A qui tentait d'aspirer l'âme de ce pays, il paraissait évident que le parti annamite, qui se donne ouvertement la mission de conduire, fut-ce malgré elle, la masse des habitants indigènes de ce pays, cherchait une occasion de se manifester forte et décidée.

Le Gouvernement la lui fournit en se donnant toutes les apparences de préconiser et de soutenir la candidature, unique, d'un groupe financier.

Il est juste de noter que nos dirigeants laissèrent là constater une complète carence du sens politique.

Comme la question dite du « Monopole » est et restera l'événement contemporain le plus considérable ayant marqué les tendances des plus avancés d'entre les Annamites, vers une émancipation souhaitable d'ailleurs pourvu qu'elle soit sagement graduée et ne s'accompagne pas de désaffection, je dois, en ce livre, la poser avec sincérité aussi clairement que possible encore que brièvement.

Le Conseil d'administration du Port de commerce ayant estimé, — spontanément disent d'aucuns, sur provocation intéressée affirment d'autres, injustement pensent la plupart, de bonne foi, — qu'il s'était révélé insuffisant dans sa mission de faire du port l'organisme économique qu'il devrait être, prit la résolution de faire appel à l'industrie privée pour que fût réalisé plus parfaitement et plus vite le progrès souhaité et il imagina ou on lui suggéra puissamment que le meilleur moyen d'obtenir cette collaboration était de concéder à monopole l'exploitation du port, le concessionnaire ayant la charge d'exécuter les travaux décidés nécessaires et devant trouver sa rémunération dans l'astreinte où serait le public de recourir obligatoirement aux services du concessionnaire pour toutes opérations dans l'enceinte du port.

Je ne vois, quant à moi, dans la seule pensée d'instaurer un monopole, rien de subversif, une fois écartée, évidemment, l'hypothèse des égoïsmes puissants que l'on dit avoir déclanché l'initiative. A mon sens, il est souvent préférable de confier les destinées d'une œuvre économique aux soins de l'industrie privée qu'à ceux de l'Administration, en dépit de très intéressantes choses faites par les fonctionnaires, notamment dans le port de Saigon par nos Travaux publics, et cela parce que la force de réalisation de l'Etat ou de ses dérivés est sinon mort-née du moins fortement inférieure à celle du travail privé en matière économique.

Pourquoi donc l'effervescence monta-t-elle naturellement dans l'atmosphère où s'agitèrent tour à tour, presque simultanément, le Conseil colonial, la presse, puis une certaine foule, au milieu du calme existant par ailleurs, lorsqu'on jetait ce magique réactif : Monopole ?

Parce que ce mot était pour ainsi dire le précipité de toutes les indignations justifiées ou pas, depuis longtemps en puissance dans les mécontents ; parce que ce mot devint un prétexte à toutes les discussions sur ce que l'on nomma l'arbitraire du Pouvoir local, lequel avait donné l'impression que des ordres étaient descendus de très haut jusqu'à lui pour que triomphât, *per fas et ne fas*, la candidature d'ailleurs unique d'un groupe financier.

Je suis persuadé que si le projet de concession soumis pour avis au Conseil colonial, avait été accompagné de la mention suivante : « dans l'occurence où le projet devrait être conduit jusqu'à réalisation, celle-ci serait seulement après qu'un concours aurait désigné le concessionnaire, toutes garanties préliminaires à l'adjudication ayant été exigées des candidats quant à leur solidité financière et leurs qualités techniques », je suis persuadé que l'opposition qui lui fut faite aurait été dérivée vers des fins tout autres, je veux dire que l'activité des opposants eût été conduite en vue non plus de combattre l'idée même du monopole, mais bien d'en préciser le programme.

Ce qui acheva d'irriter les tenants de l'opposition c'est qu'après avoir considéré comme purement formel l'avis que l'on demandait au Conseil colonial, on ne présenta, pour recueillir la concession du port, qu'un seul candidat, le groupe Candelier, visiblement soutenu par le haut commerce et la haute finance.

Lisons dans la *Petite Tribune Indigène,* du 2 février 1924, les lignes que voici :

« La riziculture, source presque unique de la richesse cochinchinoise a été très éprouvée par de terribles inondations. Non seulement l'Administration française n'a tenu que très imparfaitement vis-à-vis du *nhà-quê* ses promesses solennelles de secours opportuns, mais encore elle se montre implacable dans le recouvrement des impôts fonciers pour des terres qu'elle sait pertinemment dévastées par les eaux. Les moyens de coercition les plus indignes sont employés à l'égard des notables chargés du recouvrement et des propriétaires retardataires. Nous reviendrons sur ces agissements d'un gouvernement qui ne se déclare paternel que pour tromper l'opinion publique métropolitaine et qui se montre impitoyable à serrer la vis fiscale pour faire suer le turban annamite.

. . . .

« Appuyés sur l'Administration, les capitalistes entendent exploiter notre pays, non pas en mettant en valeur nos terres par le drainage et l'irrigation, par la création de voies de communication, en créant des industries et en intensifiant le commerce, mais simplement en accaparant les sources de richesses sous la forme commode et fructueuse du monopole.

. . ..

« La conscience nationale, avec une énergie farouche, s'est cabrée devant l'omnipotence de l'Administration, habituée à plus de veulerie de la part des indigènes et plus de souplesse de l'élite annamite. Elle ne s'était pas aperçue qu'à la faveur des événements mondiaux, une opinion publique avait pris naissance en Indochine. Pour nous qui avons la claire vision de l'avenir de notre peuple et notre robuste foi en le libéralisme français, la constatation de cet évènement est le meilleur encouragement à persévérer dans l'œuvre d'éducation politique de notre pays.

« La masse qu'on croyait inerte d'Annam a révélé une âme : ne la sentent pas ceux qui ne veulent pas la sentir ; pour nous la démonstration est faite. Contrairement à ce qu'on avait espéré, les Annamites, depuis le *nhà-quê* courbé sur sa rizière jusqu'au lettré penché sur ses livres, prennent conscience de leur existence, poursuivent leurs idéaux. L'année Giap-Ti aura été l'aurore d'une ère nouvelle au double point de vue politique et social ; nous nous en réjouissons. Ni la cadouille menaçante d'une administration locale rétrograde, ni la trahison imbécile de quelques ambitieux, ne sauraient faire que le premier pas soit allègrement franchi par notre peuple qui saura poursuivre lentement, mais sûrement, la réalisation de ses destinées, sous l'égide de la France républicaine, car c'est bien vers elle, assise au bout de l'Europe ensanglantée, auréolée de la gloire immortelle de ses armes et du rayonnement resplendissant de son génie éducateur, que ses fils d'Annam tournent leurs regards pleins d'espérance et d'affection. En dépit des actes d'oppression de ceux qui ont mission de réaliser ici son œuvre civilisatrice, nous voulons croire encore à la bonté de l'action française en Indochine ».

Ces événements ne m'étonnèrent nullement et si j'avais été surpris c'est que le fait d'avoir écrit ce livre ne m'eut rien appris. Depuis longtemps je m'attendais à voir sourdre le jet du bouillonnement dont je percevais le grondement.

Au fait, la guerre déclarée, violente, au groupe financier Candelier, par le parti annamite de l'indépendance, cela n'a pas d'importance et l'on ne peut à cela qu'applaudir comme à tout ce qui, d'apparence faible, s'attaque à ce qui est fort, mais ce qui apparaît grave, c'est que cette hostilité a pu aller jusqu'aux chefs qui commandent au nom de la France. L'âme de ce pays, tout au moins celle exhalée par quelques-uns au souffle brûlant, s'est révélée ardente, et il fut évident que l'explosion de mécontentement

était la résultante de foyers dès longtemps
allumés.

Je note comme capital le fait que, à propos
d'une attitude gouvernementale française,
une opposition annamite a pu réussir à
devenir sympathique, même à de nombreux
Français, malgré le caractère parfois très
hardi de ses attaques.

Je sais, par une longue expérience et une
attention constante, combien paraît inadmis-
sible à l'Annamite la résistance au pouvoir
établi et, dès lors, le fait historique qui restera
sous le nom de « l'Affaire du Monopole » me
paraît synthétique de l'âme annamite contemporaine, au moins de l'âme du citadin.

Ce serait une faute que de l'ignorer et
même de feindre de la négliger.

Le mot « monopole » est devenu un symbole. Il sert de mot de ralliement à tous ceux,
indigènes naturalisés ou non, indépendants,
ardents et individuellement sympathiques
qui entendent protester. Dans le principe,
l'opposition ne porta que contre l'emprise

que tendait à mettre sur le pays cette engence parfaitement détestable qu'est la Finance. La signification du mot a grandi ; le mouvement tumultueux qui agita une certaine partie de la population, allonge ses vagues et s'étend, mais il gagne aussi en profondeur et devient remous en quelques points.

Je vous ai, lecteurs, conviés longtemps à contempler la masse tranquille du peuple annamite des campagnes, parce que vous deviez en recevoir la paix puissante qui vient de son heureuse harmonie, telle la large nappe unie et forte d'un fleuve, mais je devais signaler à l'attention parfois distraite et parfois aussi égarée de nos pilotes, les tourbillons qui s'y trouvent et qu'il faut discerner sous peine d'y sombrer.

CHAPITRE XIII

Ce livre est déjà long ; il reste incomplet pourtant ; il ne se présente pas comme un tableau au dessin arrêté, sur quoi le peintre aurait déposé en pleine pâte jusqu'à la dernière des teintes par lui rêvées ; il n'y faut même pas voir une aquarelle où les couleurs, balayées par couches successives, donnent des noirs faisant valoir les clairs ; j'ai prié et je supplie qu'on veuille bien le comparer plutôt et seulement à un lavis multicolore aux teintes juxtaposées ; il en manque beaucoup et cette carte des couleurs est à peine indiquée.

La dernière sera un hymne nouveau à la campagne cochinchinoise; mais, avant, je trouve une teinte sur ma palette qui doit avoir sa place ici.

Elle irisera faiblement mais assez pour la signaler, la grande pensée indigène, celle qui domine toutes les autres chez les intellectuels parce que, logiquement, elle doit les fondre dans un temps donné, plus ou moins long; je veux dire la naturalisation.

« La colonisation, — ainsi que notre actuel ministre des colonies l'a magnifiquement définie dans ses aspirations françaises contemporaines, — n'est plus une opération « unilatérale à but mercantile ou politique. « C'est essentiellement une création d'huma- « nité, un enrichissement non pas simple- « ment national mais universel et qui profite « à l'ensemble du patrimoine mondial ; « son effort doit augmenter la valeur maté- « rielle et morale de ce patrimoine et cet « enrichissement d'humanité doit être fait « et poursuivi dans l'association avec la

« collaboration des races que le colonisateur
« gouverne et qu'il doit accroître en valeur
« humaine ».

Il est naturel, dès lors, que beaucoup
d'entre les indigènes pensent à poursuivre
cette tâche magnifique, non plus toujours
en restant le but, mais en en devenant les
artisans et ils souhaitent devenir citoyens
français.

Beaucoup le méritent; ceux-là deviennent
chaque jour plus nombreux, et il est permis
de rêver qu'un temps viendra où tous le
seront.

Mais, cela supposé, une question reste,
posée par certains indigènes : pourquoi
deviendrions-nous citoyens français ?

Le débat est, de ce fait, élevé très haut ;
reconnaissons qu'il y a quelque chose de
moralement très beau dans cet irrédentisme
où il serait coupable de voir un manque
de loyalisme. Je connais des Annamites,
remarquables par l'intelligence et sincèrement français de cœur, qui veulent rester

Annamites. Ils m'ont fait l'honneur de me demander ce que je pensais sur l'opportunité de la naturalisation.

Voici ce que j'écrivis à leur prière :

Naturalisation.

Il n'est question que d'elle dans la presse depuis peu ; le problème qu'elle pose doit être comparé à un épileptique agité, de temps à autre, par une secousse ; nous sommes dans une crise, et il n'est pas de journal qui, soucieux de suivre, ne pouvant le précéder, l'événement du jour, voudrait rester sans formuler son opinion sur la capitale préoccupation politique des empires colonisateurs : la naturalisation.

Le difficile, je crois, comme toujours, réside dans le tracé du point d'interrogation auquel il s'agit de répondre.

Est-il normal, par conséquent est-il bon, que l'autochtone d'un pays colonisé, abandonne sa qualité de sujet de la nation impériale, pour recevoir celle de citoyen de cette nation ?

Ceux-là mêmes qui motivent ce débat, y prennent des positions divergentes.

Donnez-nous la qualité de citoyens français réclament ceux-ci, parce que nous sommes dignes de la recevoir et qu'il n'y a pas de bonnes raisons pour nous la refuser alors que vous l'avez accordée aux Antillais et aux Indiens.

Nous voulons rester Annamites et exclusivement Annamites, proclament ces autres, parce que notre nation fut grande et notre race fière et qu'il n'y a pas de dignité à l'abandonner pour en adopter une autre que nous respectons parce qu'elle est la plus forte, momentanément, mais que nous ne reconnaissons pas supérieure en soi à la nôtre.

Vous exagérez, décident ces troisièmes en intervenant. Il n'est pas bon de décréter la naturalisation en masse ; pas davantage ne serait-il juste et opportun de refuser au sujet l'accès à la qualité de citoyen, s'il en est digne ;

tout n'est qu'une question de mesure. Il ne faut pas s'indigner contre certains Annamites, par exemple, lorsqu'ils demandent et obtiennent la naturalisation et les intransigeants nationalistes n'ont pas à leur reprocher ce geste qui modifie simplement leur parenté dans la grande famille française. Il faut néanmoins se montrer prudents parce que si vous faites brutalement le même sort, dans un temps donné, à tous, vous diminuerez l'élite et la perdrez dans la foule ; vous faites, en un mot, une révolution alors que, pour être durables, les transformations sociales exigent de venir par évolution, ce dernier mot impliquant nécessairement une certaine lenteur.

J'estime que ceux qui pensent ainsi ont raison, parce que l'histoire atteste que toute marche trop rapide est infailliblement enrayée par un recul brusque, après quoi seulement l'avance se révèle mais marquant un progrès moindre que celui qui eut été gagné harmonieusement, sans saccade.

A quoi reconnaît-on la qualité bonne ou mauvaise du désir, chez un sujet, de devenir citoyen ?

Si l'indigène, ce mot pris dans son sens littéral et nullement péjoratif, ne sollicite qu'un droit de vote, l'on peut affirmer que ses prétentions sont malsaines ; non, certes, que la possession et l'usage de ce bulletin comportent obligatoirement de méchants desseins ; pourtant, la prérogative éminente qu'il représente, ne doit pas être un moyen seulement, mais bien plutôt la résultante de certaines conditions réalisées et je touche, ici, le point qui constitue, à mon avis personnel, la base de la naturalisation.

Etre citoyen d'une nation peut se définir : faire, en tant que cellule passive et active, partie d'un organisme de quoi l'on reçoit la vie mais à quoi on la donne aussi. Il convient donc, de n'admettre tels, que les éléments ayant, avec le tout où ils veulent entrer, des affinités suffisantes pour qu'il soit bien certain que l'ensemble ne subira pas, de cette intrusion, un empoisonnement comparable à celui résultant, dans un corps vivant, de la sécrétion de toxines étrangères.

Quand est-ce que ces affinités seront réalisées ?

Ici la réponse dépend de la conception que l'on a de ce que c'est qu'une nation.

Si l'on estime que c'est une réunion d'êtres humains, tous de la même race pure, sans un doute cette nation ne doit pas naturaliser ses sujets d'autre race.

Si l'on admet que, d'ethnique exclusivement, la nation peut se compliquer de notions territoriales, alors encore elle devra exiger que le candidat soit à la fois de la race et habitant le territoire.

Mais si l'on conçoit, ce qui est ma conception personnelle, qu'une nation est la résultante d'une communauté relative, d'origine ethnique, si faire se peut ; d'un attachement solide à « la terre » ; aussi et surtout et suffisamment du souvenir des souffrances passées, supportées de concert, des difficultés surmontées, des victoires militaires et autres gagnées ensemble ; puis encore des luttes, des inquiétudes, des succès présents ; enfin des appréhensions, des espérances dans l'avenir commun ; si l'on conçoit la Nation ainsi, il n'est pas douteux que l'on a trouvé le criterium qui marquera l'opportunité de la naturalisation et ceux-là mêmes de qui j'écrivais qu'ils sont intransigeants, devront l'adopter.

En effet, Annamites, ils ne devront avoir aucun scrupule à laisser leur nation primitive, dès l'instant qu'un patrimoine moral de passé, de présent et d'avenir possédé indivisément avec les Français, sera plus fort, conformément à notre idée sur la nation, que le patrimoine moral qu'ils détenaient en communauté avec la nation annamite ; et si notre conception de la nation est juste, ces Annamites seront plus Français qu'Annamites. Il faudra leur accorder la naturalisation qu'ils devront demander, car le décret la leur concédant ne fera que donner l'instrumentum à un actum déjà réalisé.

CHAPITRE XIV

L'aube à peine blanchit le pourtour de la plaine.

La route, d'ocre clair, disparaît au lointain,

L'eau a tout recouvert ; seule émerge la traîne des futaies élancées vers le ciel incertain.

Telle j'ai vu mille et une fois la Basse-Cochinchine aux premières heures du matin, lorsque, devançant le lever du soleil, je courais mon chemin.

C'est la vision que j'en veux conserver et que je désire vous laisser, car bientôt vous fermerez ce livre.

Cette image vraie au mois de juillet-août évoque plus précisément l'immense plaine de glaise alluvionnaire à l'époque où les pluies ont, pendant des mois, sans discontinuer, descendu l'eau des nuages et où le grand fleuve Mékong, venu du Thibet, a roulé sur la campagne l'extravagante masse de ses flots rouges de limon.

Alors les plants de paddy nouvellement repiqués ne sont encore que de minces tiges vert-tendre à peine visibles et l'on a vraiment l'impression que le pays est sous l'eau.

Mais quand on ne fait que préluder à cette période et que la mousson du nord-est a depuis peu tourné au sud-ouest, les terres sont seulement humides ; six mois de sécheresse constante entre décembre et mai les ont fendillées, crevassées, durcies jusqu'à ce que sur elles, il soit possible de forger ; les rizières, assoiffées, viennent de boire avidement les premières pluies, les molécules ont refait leur jonction.

Les ondées de l'hivernage accentuant leur
chute, les travaux agricoles sont repris et
le voyageur peut voir l'Annamite des campagnes au travail.

C'est alors que s'impose la vérité impé-
rieuse et implacable : la force de la Cochinchine est dans ses champs, dans ses
rizières et quiconque oubliera cela pour
porter son effort économique ailleurs com-
mettra une faute.

Voyez-vous cet homme, au teint couleur
de bistre, la tête couverte par un cône de
paille tressée, le corps revêtu de toile gros-
sière que l'on devine avoir été bleue ; il est
de petite taille, mais son bras manie avec
vigueur un grand coutelas de lame lourde
dont une partie, très courte, emmanchée, est
prolongée par une autre, très longue, faisant
un puissant levier. Redressé pour donner
l'élan, puis courbé pour accentuer la chute
du coutelas, le faucheur annamite, à coups
rapides et cependant rythmés, coupe les
hautes herbes, mauvaises et envahissantes,

celles qui, parce qu'inutiles, ont résisté toutes les attaques d'un soleil.

Il est impossible et dangereusement présomptueux de prétendre connaître la Cochinchine, si l'on n'a pas victorieusement arrêté son attention sur ce travailleur de la rizière. En lui, sont incluses les forces vives decette contrée remarquable mais qui, sans lui, ne serait qu'une plaine de boue, insalubre et stérile.

Les yeux, avides de grandioses vsions, cherchent en vain, ici, des points sublimes où s'accrocher.

L'horizon ne s'ondule pas de croupes puissantes, de dômes pacifiques au passé prodigieux ; il n'a pas non plus la silhouette tragique des pics et des précipices qu'on dirait taillés dans le ciel à coups ce hache ; les constructions des hommes sont minuscules et inquiètes sur le fond fuyant d'illusion ; aucun roc solide ne rassure ; tout apparaît médiocre, les herbes néfastes et envahissantes ne montent qu'à une faible hauteur ; des arbres, quelques-uns sont jolis, mais la plupart manquent de majesté ; les huttes de paillotes sont banales ; les habitants sont de petite race ; et pourtant, il y a ici quelque chose de grand.

Le fleuve, d'abord, qui a charrié, des montagnes du Thibet, du Laos, du Cambodge, la terre dont il a fait la plaine ; ce fleuve aux cent mille bras dont d'innombrables sont plus larges que nos plus grands fleuves français.

Il y a aussi la plaine. N'est-elle pas grande, elle aussi, étalant, sans une bosse digne de remarque, l'interminable manteau vert de ses rizières, strié, par le fleuve et les arroyos, de rayures capricieuses ?

Mais ce qui est plus grand encore, c'est l'admirable obstination de ce peuple, sans moyens, à vivre dans cette vase et à la rendre utile ; c'est le magnifique succès qu'il a obtenu et maintenu.

L'âme de la Cochinchine est écartelée.

Un peu d'elle s'envole vers l'inconnu.

Où est le reste ?

Ce n'est pas dàns les villes qu'il faut le chercher, c'est parmi les *nhà-qué*. Ce hommes des champs suivent la splendic tradition qui les a plaqués sur la glaise.A ceux-là, d'aucuns voudraient que l'on prsuadât qu'ils ne sont pas heureux et quela vie comporte d'autres jouissances que cde de consulter le ciel, le niveau du fleuveet de se pencher, attentifs, anxieux, sur la tere pour y pressentir la bonne ou la mauvise moisson !

Mais eux ne se laissent pas distraire.Des époques troublées où la guerre civile ivait tout dévasté, où les paysans, eux, trivaillaient pour les mandarins officiellement et sournoisement désignés pour les défendre, les paysans annamites n'ont pas perdu le souvenir et ils savent que c'est à la paix française qu'ils doivent la prospérité de leurs campagnes qu'ils aiment plus que tout au monde.

L'on peut ouvrir l'avenir sans crainte à ces travailleurs, et jamais l'on ne fera trop pour eux car, sans leur labeur fécond, tout le reste serait néant.

Nous l'avons laissé fauchant, mais cette tâche n'est que la première d'une longue suite d'opérations et l'on souhaite qu'il soit, là, puissamment aidé.

Il a été écrit, au cours de ce livre, de quelques mots, comment l'usage généralisé des outils aratoires automobiles pourrait améliorer prodigieusement les conditions de culture et les rendements agricoles. L'action française, actuellement, s'exerce dans ce sens : elle est ainsi bien dirigée, et ne sera pas perdue.

En Cochinchine, la terre est tout, il faut tout faire pour elle. C'est un calcul, c'est plus que cela, c'est un devoir.

Mais de ce que le progrès dans l'ordre économique doit être provoqué, facilité, accéléré, il ne reste pas souhaitable qu'en lui réside notre principal effort.

« Le progrès des Annamites sera économique ou ne sera pas ». Telle fut naguère la phrase sacrée. Je pensai alors que se trouvait incluse en ces quelques mots la définition de l'époque contemporaine, énergiquement dérivée vers des fins matérielles surtout, exclusivement même pouvait-on craindre.

« Alors », ai-je écrit, et cet adverbe, heureusement, en appelle un autre: «maintenant»; celui-ci est gonflé d'espoir et les mêmes réflexions ne viennent pas à mon esprit aujourd'hui parce que je crois fermement qu'une réaction se dresse contre cette force brutale et décevante qu'est la prospérité matérielle.

En France, cette contre-offensive impose ses réconfortantes attaques ; ici aussi.

Cela est heureux, car il y a longtemps que seront oubliés les bienfaits d'ordre économique apportés et maintenus au peuple d'Annam, que vivront encore, magnifique survivance, l'âme et l'esprit français.

Je voudrais que, suivant cet essor qui nous élève au-dessus des contingences exclusivement utilitaires, nous disions : Le souvenir de la France, dans la mémoire des indigènes de ses colonies, sera intellectuel et moral ou ne sera pas.

CHAPITRE XV

Bien souvent j'ai rêvé devant l'immense plaine, me laissant pénétrer par l'âme de toutes choses, par l'âme aussi des gens, sentant confusément que, ne se cachant plus, allait prendre l'essor l'âme de ce pays que si longtemps j'épiais sans l'atteindre.

A le regarder vivre, de saisissants contrastes m'avaient frappé et je discernais qu'il n'était vraiment fort que par sa terre et son amour pour elle.

Des souvenirs, parmi d'innombrables perdus, brillaient dans ma mémoire riche d'avoir beaucoup vu et entendu et j'inclinais à trouver, en eux, un indice qui me donnait une ligne définitive de ce peuple annamite si énigmatique, si faible quand il est sorti de son élément, si robuste lorsqu'il se cramponne à lui.

La période qui, en Indochine, précéda immédiatement la Grande Guerre pourra, justement, être nommée l'époque des Complots. En ce temps-là, pas un jour, peut-on affirmer, ne se levait, pas une nuit ne tombait sur le pays, sans qu'en un point quelconque ne fût annoncée la découverte d'une conspiration. Il me souvient, pour ma part, d'avoir, en ma qualité de Juge d'instruction à Saigon, connu du fameux dépôt de bombes un jour de Pâques, dans les rues de la capitale, au voisinage de certains monuments publics, événement que l'on désigne sous le nom pompeux de Complot, avec une majuscule.

Certes, il serait puéril de nier qu'à cette époque-là une machination opérait où l'on pouvait discerner divers intérêts opposés aux nôtres. Cela c'est de l'histoire, mais là n'est point ce que j'en veux dégager pour ce livre. L'impression qui m'est restée fut que l'Annamite représente une proie facile à toute escroquerie. Je pourrais citer mille et un exemples de cette situation, et que par mes professions de magistrat d'abord, d'avocat ensuite, j'ai pu vérifier ; il m'apparaît préférable d'associer ce trait de caractère à un événement historique, tel que l'affaire du Complot.

L'information prit consistance lorque fut arrêté, sur la route d'Annam, un jeune homme connu sous le nom de Phan-sit-Long et porteur clandestin d'objets précieux figurant des insignes impériaux.

Il fut démontré que de hardis escrocs, par une mise en scène renouvelée des fastes impériaux de la Cour de Huê, et où le jeune homme arrêté représentait l'Empereur, avaient réussi à convaincre quelques Annamites, puis davantage, puis d'innombrables, que la France allait partir chassée par le descendant de l'illustre race des empereurs d'Annam. Chose assez curieuse, le nouveau gouvernement devait être une République, si l'on en juge par les documents qui furent découverts un peu partout.

Parmi, se trouvèrent des billets ayant aspect de ceux de banque et portant promesse que la Nouvelle République rembourserait au porteur le chiffre sur eux porté : or un bon de 500 $ était vendu, au naïf campagnard, pour 5 $. Des milliers d'Annamites se laissèrent prendre à ce piège grossier, escroquerie gigantesque, par la seule magie de scènes, qui furent d'ailleurs révélées burlesques, jouées dans un taudis de la ville de Cholon. Naïfs, les acheteurs de Bons ne se demandèrent pas un instant si les conjurés disposaient de moyens pour réussir. Ils ne se préoccupèrent d'ailleurs pas le moins du monde de déterminer ce qu'on leur promettait comme maîtres nouveaux.

Cette anecdote, car l'événement, à mon sens, n'a pas d'autre ampleur que celle d'un incident historique, a, du moins, ce mérite de nous révéler l'Annamite docile aux suggestions d'escrocs audacieux, et si j'ai tenu à dégager cet aspect de sa nature, c'est parce que les escrocs de ce genre ne manquent pas actuellement dans le pays.

Nous venons de voir un Annamite désaxé, arraché à sa terre pour d'autres destinées mal faites pour lui ; aussi s'est-il montré passif, n'apportant, à l'examen de ce qu'on lui propose et promet, aucun esprit critique, subissant l'emprise de qui la lance pesamment sur lui, comme un poisson pris sous l'épervier que projette le pêcheur, reste sans réaction quand il s'est laissé envelopper par le fatal filet.

Il faudra, pour le retrouver, le ramener dans son habitat ; son âme nous est connue ; l'Annamite, envasé dans son limon, n'aime que la glaise, il faut les laisser ensemble unis, et empêcher qu'on les sépare car ils ne font qu'un. Nous devons veiller à ce que d'aucuns, intéressés à l'isoler de l'élément d'où il tire sa force et d'où lui vient son bonheur, ne tentent de l'en arracher pour le livrer aux pires aventures.

*
* *

Bien souvent, j'ai rêvé devant l'immense plaine ; tout ce qu'elle a de beau monte du limon brun.

J'ai surpris, le matin, les mille bruits d'éveil, murmurant la chanson que la terre pépie, étirant sa langueur au sortir du sommeil.

La modeste cabane aplatie près du sol m'a livré son secret quand j'en ai vu sortir, aux premières clartés, le travailleur tenace, s'en allant au labour.

J'ai compris l'Annamite et senti son destin quand je l'ai vu, des jours et puis des jours encore, des mois et des années, toujours y revenant, et l'aimant jusqu'au crime, attaché à la terre.

J'ai pris, de son amour, une idée magnifique quand je l'ai vu tuer pour conserver sa glaise.

D'autres choses, chez lui, sont belles à observer.

Il est hospitalier.

Il rend le culte aux ancêtres.

La pagode, sous bois, conserve son mystère ; sur l'autel sacré, l'Annamite dépose le sacrifice ardent de son respect profond pour les parents montés vers les hautes régions ; psalmodiant sa prière, il protège à la fois et implore ses aînés ;

Sur la terre mourante inondée par la crue, s'élèvent, monticules oblongs de vase durcie ou murs de pierre froide, les tombeaux inviolables et sacrés ; en eux gît le passé, mais d'eux l'espoir s'élève, car les ancêtres heureux veillent sur leurs enfants.

Pagodes et tombeaux piquant leurs points funèbres sur la terre endormie, ne font plus avec elle qu'un mystère grandiose ; tout y semble endormi quand la lune y promène sa lumière alanguie.

La vie pourtant s'éveille, ramenée par l'aurore, et l'âme du pays revient avec le jour ; c'est le paysan rude penché sur le limon.

L'âme de la Cochinchine est comme la « barre », ce bourrelet formé par le choc de courants contraires.

Deux mondes se rencontrent ici, l'Occident, l'Asie ; l'argent, la rêverie.

L'endosmose par quoi ils se pénètrent n'est pas toujours paisible. L'inquiétude et la fièvre troublent ceux que nous avons tirés de leur splendide inutilité et de leur servitude pour les asservir à la liberté.

C'est seulement comme j'allais écrire le mot « Fin », glas de ce livre, que j'ai réalisé pleinement ce que, en le commençant, je ne faisais que sentir assez confusément, j'entends la raison pour quoi l'idée m'est venue de l'écrire.

Deux Annamites d'esprit cultivé, occupant une forte situation politique, mais marquant des divergences d'opinion quant à la façon d'aimer leur pays, sont venus successivement me voir et, pendant une longue causerie, ils m'entretinrent exclusivement de sujets touchant l'argent, les chemins de fer, la motoculture, les canaux, les ports, le « monopole », etc...

. . . .

Et pourtant le soleil, au couchant, se mourait, abandonnant déjà les bosquets au mystère, et le coq de pagode tristement égrenait ses notes nostalgiques avant la nuit austère.

Naguère, mes visiteurs, en cette heure de rêve, eussent laissé leurs yeux vers les tombeaux errer, alors que le jour, dans son agonie brève, dore encore l'autel où l'âme va pleurer.

Je compris, alors, pourquoi, obéissant inconsciemment à ma douleur de voir mourir le passé, je voulus marquer un des degrés de l'échafaud du Rêve.

La colère me gagne d'avoir arrêté mon attention sur d'autres tableaux que ceux depuis toujours réservés à ce rêve frappé à mort par la vie trépidante, despotique, qui nous terrasse.

Avril vient d'éclore ; je veux fermer ce livre ; dehors, le soleil flambe, tout ce qui vit se fane.

Au large, politique, laisse-moi, je suis ivre ; de mon lit, j'aperçois une fleur frangipane ; seule, elle ose braver les rayons meurtriers ; elle se laisse baiser par l'astre souverain. En voluptueux duvet, dans ses conques étoilées, se pose le velours d'un peu d'or divin.

Hélas ! nous vivons en ce temps horrifique où tout ce qui est beau, séduisant, parfumé, où la nature, ses fleurs et son large horizon, ont cessé d'exercer leur emprise magique ; où l'on voit la beauté par l'utile primée ; où le cœur toujours doit subir la raison.

Dans l'aurore des temps nouveaux, un son de trompette résonne ; quels sont donc les héraults dont l'âme ainsi, stridente, sonne ?

J'ai voulu, Cochinchine, te coucher, prisonnière, sur ces quelques feuillets et, penché, auxieux, avide d'aspirer ta grande âme altière, j'ai osé la chercher ailleurs que dans tes dieux.

Bannissant, à regret, tes charmes millénaires, que, toujours, les poètes subirent en les chantant, j'ai rabattu l'essor que prenaient mes chimères, et j'ai cassé les ailes à ma muse rêvant.

Combien m'auraient grisé d'une divine ivresse, les parfums envolés des jaunes cassolettes. Oh ! réduits mystérieux où tout devient promesse quand grésillent à la lampe les magiques boulettes !

J'aurais vécu, ainsi, de merveilleux instants à m'absenter, vivant, du monde où l'on respire, jusqu'aux nuages, hors du terrestre empire, y projettant mon rêve comme sur des brisants.

D'autres beautés encore auraient séduit mon âme. Ces autels, cachés dans les bosquets sacrés, auraient fixé ma vue loin du spectacle infâme des luttes où l'on ne voit que des réalités.

Ma pensée, je le sens, serait restée captive des pénombres divines que la pagode garde. Il fallut m'abreuver à la source plus vive des vérités. De mes lèvres tomba la viole du barde.

Et laissant là opium, rêves et pagodons, captivantes reliques d'un prestigieux passé, j'ai cessé de les voir, multicolores ballons, monter, monter toujours vers un ciel insensé.

Et j'ai parlé police, et j'ai parlé argent... navré, mais décidé à épuiser la coupe, car je savais qu'au fond un beau métal ardent bouillonnait comme l'eau sous l'hélice, en poupe.

Oh ! que l'argent est pâle sur le fond
éclatant des couchers du soleil ; sur le
gai vermillon et l'horizon vermeil ; sur les
tablettes gravées d'or ; sur la pourpre du
flamboyant, quand la nuit, agonisante, râle...
quand vient le jour conquistador !

SAÏGON — IMP. NOUVELLE A. PORTAIL